Sonja Ariel von Staden

LichtKraft
für LichtMenschen

Smaragd Verlag

Die in diesem Buch enthaltenen Informationen sollen der Aufklärung dienen und ersetzen keine medizinische Diagnose, ärztliche Verordnung oder Behandlung. Sie ersetzen auch nicht den Besuch bei einem Arzt oder Heilpraktiker. Der Inhalt ist allenfalls als Begleitung und Ergänzung zu einem vernünftigen und verantwortungsvollen Gesundheitsprogramm gedacht. Autorin und Verlag übernehmen für unsachgemäßen Gebrauch keine Haftung.

Bitte fordern Sie unser kostenloses Verlagsverzeichnis an:

Smaragd Verlag e.K.
Brückenstraße 25
D-56269 Dierdorf
Tel.: 02689-92259-10
Fax: 02689-92259-20
E-Mail: info@smaragd-verlag.de
www.smaragd-verlag.de

Oder besuchen Sie uns im Internet unter der obigen Adresse und melden Sie sich für unseren Newsletter an.

© Smaragd Verlag, 56269 Dierdorf
Erste Auflage: Juni 2020
© Cover: Sonja Ariel von Staden
© Fotos Innenteil: Sonja Ariel von Staden
Umschlaggestaltung: preData
Satz: Gaby Heuchemer
Druck: CPI books GmbH, Leck
ISBN 978-3-95531-194-0

Widmung

Für alle Menschen, die nun erwachen und ihr Licht leuchten lassen.

Seid mit Liebe und Freude gesegnet!

Inhalt

„Zu einem LichtMenschen wird man nicht über Nacht.

Ein LichtMensch legt all seine Kraft, seinen Willen und tiefe Konzentration in den Wunsch, sich selbst und der Welt damit zu dienen, das eigene Licht auszudehnen.

Ein LichtMensch braucht keine Ausreden mehr, etwas in sich und um sich herum zu bewegen, denn das gehört zu dem Prozess dazu.

Ein LichtMensch leuchtet. Voller Freude am Sein.“

Gechannelt im Dezember 2018

**Statt die Erde weiter in Brand zu setzen,
sollten WIR endlich wieder leuchten!**

Editorial

Dieses Buch hat sich während des Schreibens zu einem meiner wichtigsten Werke entwickelt. Anfangs – Januar 2019 – war es dazu gedacht, einen kleinen Kreis von Menschen mit der LichtKraft vertraut zu machen, die bei mir die LichtKraft-Seminare mitmachen, die ich seit März 2019 regelmäßig gebe.

Dann kamen im Verlaufe des Jahres 2019 immer wieder zusätzliche Visionen, Meditationen, Channelings und Inspirationen dazu, und so wurde es zu einem intensiven, mit Impulsen überbordenden Sachbuch. Ich bin überglücklich, dass du es nun in Händen hältst!

Und ich hoffe sehr, dass du all die Geschenke des Universums, die hier gebündelt sind, gemeinsam mit mir nutzt. Zusammen entwickeln und gestalten wir das Neue Zeitalter. Die LichtKraft wird uns darin immer weiter unterstützen.

Du findest im Buch auch einige Fotos und Bilder von mir. Ich habe sie intuitiv aus meiner Galerie ausgesucht, weil sie die Energie des Textes verstärken. So kann ich meine Kraft als Autorin, Künstlerin und Inspiratorin wundervoll zusammenführen.[1]

---

1 Du findest alle Bilder unter www.sonja-ariel.com/kunst

Wie alles begann

Meine persönliche Geschichte zur LichtKraft

Ende Oktober 2018 durfte ich die neue Engelbotschaft für Januar und Februar 2019 channeln. Diese Botschaften erreichen mich immer zwei Monate im Voraus, weil sie auch als Kolumne im bekannten Engelmagazin erscheinen.

Zu dieser Zeit befand ich mich in einer kleinen persönlichen Krise und war sehr dankbar über das, was ich von den Engeln empfing. Der Titel lautete: „Deine LichtKraft – wecke deine Zellen!"

Während ich die Worte in meinem Herzen hörte und niederschrieb, wurde mir schon bewusst, was diese Botschaft für eine Auswirkung haben würde. Ich begann, um mehr Informationen darüber zu bitten und meditierte viel dazu. Es half mir, sehr viel aus meiner persönlichen Situation zu lernen und sehr bewusst damit umzugehen. Und so fiel es mir viel leichter, in dieser Krise eine Chance zu sehen und sie zu nutzen. Die LichtKraft brachte mir wahrlich die Sonne ins Herz zurück.

So ging es einige Wochen, während denen ich bereits am neuen „Sternentor der Höhenflüge" – dem Sternentor des Jahres 2019 – (siehe etwas weiter unten) malte, bis ich endlich das erste Channeling aufschreiben durfte (siehe Kapitel „Channeling Dezember 2018").

Es kam in Kombination mit dem Sternentor der Höhenflüge, denn mittlerweile wusste ich, dass die LichtKraft-Energie die Menschen, und damit die ganze Welt, im Jahr 2019 verändern wird. Ich erhielt neben den intensiven Worten auch ein Symbol und damit verbunden den Auftrag, dieses Symbol im Jahres-Sternentor (auf der Brust des LichtMenschen) und mit einem eigenständigen Sternentor zu manifestieren.

Anfang Dezember begann ich, die LichtKraft immer deutlicher wahrzunehmen und sie bewusst in meinen Körper, meinen Geist und mein Energiefeld fließen zu lassen. Ich beobachtete mich selbst sehr intensiv und konzentrierte mich darauf, was für Veränderungen in mir geschahen. Wer mich in den öffentlichen Medien (Facebook, Youtube und Instagram) begleitete, konnte erleben, was für einen immensen Energieschub mir die LichtKraft schenkte.

Die LichtKraft ist pure Liebe und Freude! Diese Gefühle erzeugen – wissenschaftlich bewiesen – die höchsten Schwingungen in einem Menschen.

LichtKraft durchlichtet die Schatten der Dualität.
Sie bringt strahlende Helligkeit in die Bereiche,
in denen die Angst darauf wartet,
dir deine Schätze zu zeigen!

Ich wurde durch den täglichen Umgang mit der LichtKraft noch klarer und offener für himmlische Inspirationen und hatte eine körperliche Energie, die ich kaum bändigen konnte.

Direkt hintereinander kamen Visionen für so viele Sternentor-Bilder, die ich nacheinander umsetzte, dass ich mehr dieser machtvollen Kunstwerke in zwei Monaten fertigstellen durfte als sonst in einem ganzen Jahr!

Dabei gilt es zu wissen, dass diese besondere Bilderserie – anders als meine anderen Bilderserien – meine höchste Kraft und Konzentration fordert und die meiste Liebe und Energie manifestiert.

Normalerweise brauche ich ein bis zwei Monate für ein einziges Bild, weil ich erst die Vision, Botschaft und Energie durchleben muss/darf, bevor ich sie sichtbar machen kann.

Deshalb ist es für mich so bemerkenswert, mit welcher Leichtigkeit ich die Sternentore nacheinander malen konnte.

Die Themen sind bezeichnend:

- LichtKraft
- Wunder
- Hingabe
- Höhenflüge
- Urvertrauen
- Wertschätzung

Parallel dazu channelte ich viele persönliche LichtKraft-Bilder und -Meditationen für meine wundervollen KundInnen, denn ich musste einfach diese berührende Schwingung weitergeben.

Nach ein paar bemerkenswerten Wochen voller himmlischer und irdischer Geschenke und Wunder vertiefte sich mein Zugang zur Urquelle, aus der die LichtKraft strömt.

Mir wurde klar, dass sie sich jetzt erst zeigen kann, weil die Schwingung auf der Erde dank des erneut erwachenden und global ansteigenden Bewusstseins immer stärker angehoben wird. Das Magnetfeld der Erde wird aktuell schwächer, und dadurch können die Impulse aus dem Kosmos besser zu uns durchdringen. Auch die großen kosmischen und irdischen Zyklen, unter anderem der Sonnen-Zyklus, tragen dazu bei, dass intensivere Frequenzen aus unserer Ur-Sonne und dem Nullpunktfeld auf die Erde treffen.

Es ist die Erhöhung der Schwingung und die Verdichtung des Bewusstseins in Kombination mit der stärkeren Durchlässigkeit für positive Energie, die immer mehr Menschen erwachen lässt.

Endlich sind wir auf der Erde in der Lage,
unser Herz-Chakra und unser ganzes Sein
bewusst für die LichtKraft zu öffnen.
Es ist der nächste Evolutionsschritt,
sich dieser Kraft hinzugeben
und sie sinnvoll einzusetzen.
Für mehr Liebe, Licht und Heilung auf der Erde.

Für mich ist es pure, spürbare Magie. Anders kann ich es kaum beschreiben.

Ich nehme sie als hellgoldene Energiepartikel wahr, die manchmal wie winzige Schlüssel aussehen. Diese Schlüssel lasse ich täglich in mich hineinströmen, damit sie meine Zellen öffnen und alles aus mir herausfließen kann, was ich noch an Ballast in mir trage. Gleichzeitig reinigt mich die LichtKraft auf tiefster Ebene und schwemmt auf allen Ebenen hinaus, was mir nicht mehr dient.

Dazu gebe ich dir im Kapitel „Übungen und Meditationen" gerne ein paar Anleitungen.

Der Dezember 2018 wurde für mich zu einem der schönsten, kreativsten und intensivsten Monate meines Lebens.

Das JahresSternentor „Höhenflüge" wurde kurz nach Weihnachten fertig (siehe oben). Es zeigt den „LichtMenschen", zu dem jeder Mensch nun werden kann. Auf der Brust des Menschen ist das LichtKraft-Symbol zum ersten Mal zu sehen. Dieses Sternentor zu erschaffen war für mich einer der Höhepunkte meines Daseins als Künstlerin und Mensch. Es ist nicht in Worte zu fassen, was es in mir verwandelt und wie viele neue Türen es geöffnet hat.

Die Botschaft vom „Sternentor der Höhenflüge":

„Was willst du, große Seele?

Weiterhin mit der Dualität spielen? Möchtest du Mal um Mal hinabstürzen in die Tiefen der Opferhaltung?

Oder möchtest du voller Mut und Vertrauen hinaufsteigen und dich erheben aus dem Schatten ins Licht?

Wir sind bei dir, jederzeit. So viele Seelen und Energien wachen liebevoll über die Erde. Sie senden positive Impulse, die du immer stärker spürst. Sie möchten erwecken. Wir möchten erwecken! Wir möchten dir helfen zu leuchten. Über alle Grenzen hinaus, über alle Schatten hinaus.

Deine LichtKraft erwacht. Ein alter, ewiger Teil in dir, der lange wartete, bis endlich der Boden bereitet war. Nun ist er bereitet. Schützend umhüllt von Urvertrauen und himmlischen Helfern steigst du aus dem Dunkel ins Licht. Wirst selbst zum Licht.

So oft bist du schon im Leben gestorben. Nun entscheidest du, ob du wahrhaftig ewig leben und leuchten willst. Ob du erkennen willst, dass jeder Tod eine Illusion ist – genauso, wie das Leben selbst.

Einzig das Bewusstsein währt ewig und erschafft vergnüglich Illusion um Illusion. Es nährt sich aus den Gefühlen und Gedanken, die du erlebst, während du inkarnierst. Jetzt ist es Zeit, dies endlich ganz bewusst zu tun: zu erschaffen, zu fühlen und zu denken.

Es ist Zeit, zu erschaffen aus purer Freude, aus Genuss und tiefer Weisheit. Sei endlich wieder das Lichtwesen, als das du einst inkarniert bist. Damit du die Schleier der Illusion hinter dir lassen und wahrhaftig leuchten kannst, wie es dir bestimmt ist."

Gechannelt und gemalt im November und Dezember 2018

Dank all der Energie, die durch mich floss, war meine Anbindung so stark, dass ich zum ersten Mal den Mut hatte, ganz spontan etwas Neues zu machen:

Ich nahm für meinen YouTube-Kanal eine Video-Botschaft zu der intensiven Energiewelle auf, die ich am 21. Dezember in einer Vision wahrgenommen hatte. Die Resonanz auf dieses Video war sehr stark, was mir ein tiefes Vertrauen in den neuen Weg schenkte.

Auch wenn ich schon zehn Jahre lang Engelbotschaften und auch spirituelle Inspirationen als Videos in meinem Kanal veröffentlicht hatte (meistens 2 bis 4 Videos pro Monat), so kostete es mich jedoch sehr viel Mut, mit solch deutlichen Visionen der nahen Zukunft an die Öffentlichkeit zu gehen.

Ich stelle mich zwar seit 2002 als Kanal für Impulse aus der Ur-Quelle zur Verfügung, doch es gibt Zeiten, in denen ich fast überfordert bin von den Eindrücken, die ich empfange. Diese dann auch noch offiziell online zu stellen, kostet mich dann viel Überwindung. Immerhin setze ich mich einer Menge Menschen und deren Kritik aus. Zum Glück sind meine Zweifel im Laufe der Jahre immer weiter gesunken, und mein Vertrauen ist gestiegen.

In den letzten Tagen des Jahres 2018 standen meine traditionelle Jahresbotschaft und die neue Engelbotschaft an, die ich als Videos weitergeben wollte. Außerdem wollte ich gerne das neue Jahres-Sternentor vorstellen, und auch das „Sternentor des Überflusses" wollte öffentlich in Erscheinung treten.

Videos in guter Qualität aufzunehmen ist sehr aufwändig, wenn man, wie ich derzeit, noch alles alleine macht. Da ist schon ein einziges Video eine Herausforderung. Selten schaffte ich es, mal zwei an einem Tag zu produzieren.

Doch angefüllt mit der neuen LichtKraft war es dieses Mal ganz anders. Es fiel mir so leicht, dass ich – statt nur zwei Videos an einem Tag hintereinander – sogar vier Aufnahmen machen konnte. Auch die Bearbeitung geschah mit großer Leichtigkeit, und die Resonanz auf diese neuen Videos war überwältigend.

In den ersten Tagen des Jahres 2019 konnte ich dann in wenigen Stunden das „Sternentor der LichtKraft" channeln und manifestieren. Es war pure Ekstase. Und seitdem hat genau dieses Sternentor dank des Internets tausende Menschen weltweit berührt.

Die Botschaft vom „Sternentor der LichtKraft":

„Eine neue Ära beginnt. Die Menschheit ist bereit für ein Update. Eine Erhöhung der Schwingung, der Frequenz des Lichtes, in der ihr schwingt.

Erinnere dich endlich mit allen Sinnen, allen Zellen, allen Fasern deines lebendigen Seins daran, dass du Licht BIST! Du bist pure, lebendige Energie. Einst hat sich deine Seele entschieden, ihre Schwingung zu verdichten und zu Materie zu werden, um dann, nach und nach, immer lichtvoller zu werden und sich erneut leichter und durchlässiger zu machen. Pure Entwicklung, stetige Veränderung und permanente Erleuchtung im schönsten Sinne.

Lass dein Licht leuchten. Öffne dich für meine neue Frequenz der LichtKraft, die dich durchfluten und durchleuchten will. Ich will dein Schlüssel sein für mehr Power, mehr Klarheit und mehr Liebe. Für einen stärkeren Zugang zu deinem wahren Potenzial. Erwecke mich in dir. Öffne das Tor in deinem Herzraum, damit ich in dir wirken und deine Zellen mit Gesundheit, Licht und Hoffnung fluten kann.

Je mehr du leuchtest, desto höher schwingen auch die Menschheit und dein Planet, die wunderschöne Erde. Gemeinsam könnt ihr einander unterstützen auf dem Weg in die neue Dimension Bewusstsein. Danke für deinen Mut, dein Licht zu zeigen."

Mit Liebe und Freude empfangen im Januar 2019

Und wieder gab es Wunder um Wunder in meinem Leben!

Was auch immer dank dieser neuen Energie in meinem Leben in mir geschehen ist, ich konnte anhand der Statistiken auf meinem Videokanal die rasant steigenden Zahlen der Abonnenten und Wiedergabezeiten sehen. Der Anstieg war so stark, dass YouTube es nicht mehr in Prozenten ausdrücken konnte und der Wert sehr lange bei >999% stand. Ich war jedes Mal zu Tränen gerührt, wenn ich mir die Zahlen und Kommentare anschaute und voller Freude beantwortete.

Dieser „Quantensprung" setzte sich parallel auf all meinen öffentlichen Kanälen fort. Die Kommentare auf die neuen Bilder und Botschaften berührten und berühren mich immer noch so sehr. Die Menschen gehen so stark in Resonanz mit meinem neuen Kraftfeld, und ich wünsche mir, dass alle Menschen diese Energie spüren und nutzen können.

Sie verstärkt das Beste in uns, heilt auf allen Ebenen und schenkt uns ganz viel Mut und Stärke.

Ein Update im Dezember 2019

Nachdem ich ein Jahr lang die LichtKraft jeden Tag aufgenommen und in mein Leben hatte fließen lassen, kam zur Wintersonnenwende 2019 der nächste Durchbruch:

Schon tagelange hatte es sich angekündigt: das Update der Energie auf der Erde. Ich erhielt zur Sonnenwende die Vision des Sternentors mit dem Namen „Neues Licht auf Erden". Es ist eine Ergänzung und Verstärkung der LichtKraft. Mit beiden Sternentoren zusammen zu meditieren ist großartig!

Die Botschaft vom Sternentor „Neues Licht auf Erden":

„Eine neue Ordnung, ein neues Licht, ein neues Sein. All das eröffnet sich jetzt – in dir und um dich herum.

Ein neuer Geist berührt die Erde. Ein wacher, freier und klarer Geist, der dich wach küsst, der dein Potenzial mit Licht durchtränkt und alle Blockaden beiseitefegt mit Liebe.

Ein neuer Spirit, der sich erhebt auf Erden. Ein neues Bewusstsein, das keine Grenzen mehr kennt, denn Begrenzung ist vorbei.

Du bist ein grenzenloses Wesen. Du bist Bewusstsein.

Warst es immer und wirst es immer sein.

Das Königreich auf Erden ist das des Lichtes und der Liebe, des Friedens und der Magie.

Das Ego tritt dankbar beiseite, denn es hat seine Aufgabe erfüllt. Es hat dich stark gemacht für eine intensive Zeit, in der ein Neuaufbau aller Werte und Systeme gefordert ist.

Die neue Ordnung der Schöpfung entsteht, basierend auf den Quellen der Erde und ihrer Liebe. Eine neue Natürlichkeit im Umgang miteinander. Ein neuer Respekt vor dem Leben und der Seele, die in allem wohnt, eine neue Einigkeit, die auf Werten basiert, die ihr alle nun erschafft. Diese neue Ordnung wird friedlich, harmonisch und einfach sein. Sehr klar und für alle verständlich.

Meine Kraft ist deine Kraft. Du bist das Ewige, das Göttliche, das Eine. Und dieses Eine erlebt einen Wandel, wie es ihn noch nie gab.

Genieße ihn. Genieße dich, genieße das ALL-Eins-Sein."

Empfangen und gemalt im Dezember 2019

Zu allen drei Sternentoren gibt es auch Videos auf meinem YouTube-Kanal (Link am Ende des Buches unter „Buchtipps und Links"), in denen ich erkläre, welche zusätzlichen Informationen ich zu den Botschaften erhalten und was ich beim Erschaffen erlebt habe.

In 2019 ist energetisch so viel geschehen, weil immer mehr Menschen erweckt wurden. Sie konnten dank des massiven Anstiegs der Energie endlich den Mut gewinnen, über sich selbst und ihre Angst hinaus zu wachsen. Meinem Gefühl nach haben wir auf der Erde längst die „kritische Masse" an erwachten Menschen erreicht.

Was ich im Dezember 2019 mehrfach in verschiedenen Facetten empfangen habe, ist dieses Bild:

Auf der Erde vervielfacht sich gerade das Licht, weil immer mehr Menschen sich ihrer selbst täglich bewusster werden. Dies führt zu einem Anstieg der Energie im menschlichen Sein, was man wiederum als Licht wahrnehmen kann. Jeder erwachte Mensch ist sozusagen ein Lichtpunkt auf dem Planeten, den man vom All aus erkennen kann.

Dieses verstärkte Licht dehnt sich immer weiter aus und wird aus dem Kosmos zusätzlich genährt, was einen positiven Rückkopplungseffekt hat. Somit potenziert sich das Licht täglich und erweckt wiederum neue Menschen. Ziemlich genial, wie ich persönlich finde.

Zusätzlich durfte ich im Januar 2020 ein Channeling mit Mutter Erde, dem Bewusstsein unseres Planeten, machen. Sie erklärte, dass sie nun ganz bewusst auch ihre Liebe und Energie verstärkt, um den Effekt auch „von unten" zu unterstützen. Auch dazu gibt es ein Video auf YouTube.

Dieser enorme Anstieg des Lichtes wird so viel Dunkelheit erhellen. So viel Unbewusstes und Unbemerktes wird sich zeigen und ins „rechte" Licht gerückt. Dies führt zu neuen positiven Effekten, unter anderem mehr innerem und äußerem Frieden und Harmonie, mehr Mitgefühl und Lebensqualität. Denn auch der Umweltschutz erfährt gerade eine deutliche Verbesserung durch die Aufdeckung und Berichtigung diverser Sackgassen der gesellschaftlichen Entwicklung. Es entsteht wahrhaftig eine Revolution des Lichts.

Nun geht es darum, was wir mit unserer zurückgewonnenen Macht und dem Licht in uns erschaffen. Das Neue Zeitalter hat begonnen, und wir sind ein Teil davon.

Wir sind die, auf die wir gewartet haben!

Channeling Dezember 2018

LichtMenschen und LichtKraft

Die folgenden Worte habe ich empfangen, als ich Genaueres wissen wollte zum Thema „LichtMensch" und „LichtKraft". Dies sind die Informationen, wie sie direkt aus der Quelle zu mir flossen. Im nachfolgenden Kapitel fragte ich dann genauer nach, und die einzelnen Aspekte wurden näher erklärt.

Was ist ein LichtMensch?

Dieses Sein geht über eure aktuelle Vorstellung weit hinaus.

Die alten Vorstellungen bedeuten nichts mehr, sondern werden sinnvoll ersetzt durch eine neue Form der Sicht auf die Illusion „Leben".

Was ein LichtMensch erschaffen kann, ist aktuell noch unvorstellbar. Selbst eure größten Visionäre können nur erahnen, welche Kräfte freigesetzt werden, wenn die ursprüngliche Licht-Kraft in einem inkarnierten Menschen erwacht. Ganz gleich, aus welchen Sphären eure Seele auf die Erde kam – die Lichtkraft ist die erste Kraft, die einst war. Bevor alles entstand. Bevor aus Geist Materie und Energie wurden.

Und selbst wenn ihr die LichtKraft nun in euch entfesselt, so wird sie sich doch nur langsam entfalten, um euch nicht zu überfordern.

Sie zeigt sich im umfänglichen Verständnis des Lebens, im tiefen Mitgefühl und im Mut.

Es braucht vertrauensvollen Mut, so neue Wege zu gehen, dass kaum menschliche Begriffe dafür existieren. Es braucht bedingungsloses Urvertrauen und das Loslösen von allen bisherigen Philosophien.

Es braucht die Bereitschaft, das Alte umfassend loszulassen und allen Glauben aufzugeben.

Ein LichtMensch transzendiert das Ego. Es wird vom Diktator zum Diener. Treu ergeben der Schöpferkraft eines LichtMenschen.

Ein LichtMensch transzendiert die Angst und erkennt ihren Ursprung, während ein Gedanke aus Schatten sofort Licht entstehen lässt.

Ein LichtMensch lässt menschliche Wertvorstellungen, wie sie aktuell existieren, los.

Die ursprünglichen Werte der Seele werden erfasst und anerkannt, weil sie einer selbstverständlichen Erkenntnis entsprechen.

Ein LichtMensch kann zwischen den Dimensionen wechseln und bleibt individuell, während das EinsSein gespürt wird. Auch zwischen EinsSein und MenschSein gibt es keine Trennung mehr.

Chancen zur Entwicklung werden erkannt, ohne bewertet zu werden. Wie auch insgesamt Bewertung endet.

Hingabe an das göttliche Selbst ist selbstverständlich, weil vollkommen natürlich.

Vollkommenheit wird als normaler Seinszustand erfasst.

Individualität wird gewürdigt als Facette auf Erden, die das Große Ganze vervollkommnet.

Potenzial wird gefördert, um das Voranschreiten der Entwicklung zu fördern.

Werte werden umgeschrieben, weil sich die Parameter des Verständnisses verschieben.

Würde, Liebe, Wert, Respekt und Klarheit werden als Basis erfasst, auf der Herz und Seele korrespondieren.

Kommunikation wird telepathisch verstärkt, indem die Herzresonanz angeglichen wird.

Es wird leichter, den wahren Sinn von Worten und Gesten des Gegenübers zu erfassen.

Ein LichtMensch kommuniziert mit allen Sinnen, und in dem Maße, in dem die Sinne gefördert und gestärkt werden, steigert sich sinnvolle, wortlose Kommunikation.

Die Zyklen der Entwicklung eines Menschen werden kürzer.

Alte Parameter werden immer schneller durch neue ersetzt, so, wie auch Anschauungen, Erkenntnisse und Ideen immer schneller verfeinert und vervollkommnet werden.

Meditation wird endlich umfassend als Kommunikation mit der Schöpferquelle, der Seele, dem Nullpunktfeld, verstanden. Es ist ein Austausch mit allem Wissen und aller Weisheit, die je entstanden sind.

Neben dem feineren, klareren Austausch zwischen Licht-Menschen wird auch der Zugang zu den Quellen des Universums leichter. Was vormals nur wenigen Menschen mit entsprechenden Talenten möglich war, wird immer mehr zu einer Selbstverständlichkeit für alle.

Ausgehend von der Tatsache, dass ein ursprüngliches Gefühl von Wertigkeit jede Tätigkeit verbessert, hat ein Licht-Mensch endlich wieder Zugang zu Talenten, für die es vorher nicht genug Mut gab, um sie zu testen. Mut steigert sich, alle Selbstwerte steigern sich, und auch das Urvertrauen wird integriert, wodurch innerer Frieden selbstverständlich wird.

Was ist die LichtKraft?

Das Herz-Chakra dient als Transformationsort der LichtKraft im Körper.

Es ist gewissermaßen das Tor, durch das die Energie in den Körper fließt.

Die Lichtkraft fließt von dort aus durch jede Zelle. Sie ist aufgebaut wie eine Extra-DNS und wirkt unter anderem wie ein Schlüssel, der verschlossene Bereiche in dir öffnet.

Ausgehend vom Brustraum schwingt die LichtKraft mit jedem Herzschlag in den gesamten Körper. Dort erweckt sie Bereiche in den Zellen, die bislang schliefen. Sie flutet die Mitochondrien mit einer Form von Energie, die den Menschen bislang noch nicht zur Verfügung stand, da die Schwingung auf der Erde zu niedrig war. Nun können sich die Zellen leichter anpassen und sich für diese Form der Energie öffnen.

Die LichtKraft ist pure, reine Schöpferkraft aus der Urquelle. Sie trägt in sich so viel Information, die dein menschliches Sein erst dekodieren/entschlüsseln muss. Es braucht eine Weile, doch jeder Tag schenkt dir neue Erkenntnisse und Einsichten.

Das Symbol der LichtKraft

Das allsehende Auge dient als Symbol dafür, dass ein Licht-
Mensch, dessen LichtKraft-Einheiten immer größer werden,
jede Illusion durchschauen kann. Das allsehende Auge ist das
Symbol für eine verstärkte Intuition und eine klare Sicht auf die
Dinge der Erde.

Die Sonne symbolisiert die hochschwingende Energie, die in neuen Wellen auf die Erde fließt. Sie strömt aus der Ur-Sonne des Universums, die wiederum mit den anderen Ur-Sonnen verschiedener anderer Universen in Kontakt steht. Nach und nach strömen höherschwingende Energien in den LichtMenschen hinein, sodass sich Wissen, Weisheiten und Klarheit vergrößern.

Die LichtKraft verbindet Welten und Seelen. Sie erweitert die Kraft der Erde in gleichem Maße, denn jeder LichtMensch verstärkt auch mit seinem Leuchten die Schwingung der Erde.

Der Punkt im Symbol für die LichtKraft steht für das Ich, das alles ist. Geborgen und beschützt durch die LichtKraft entspannt sich das menschliche Sein samt Ego, sodass neue Felder von Möglichkeiten sichtbar werden. Denn erst wenn ein Licht-Mensch in den Urzustand des Urvertrauens zurückfindet, kann er sich vollkommen entspannen. Durch die Entspannung öffnen sich neue Wahrnehmungsfelder, die Möglichkeiten sichtbar machen, die vorher – weil zu hochschwingend – unsichtbar waren.

Gleichzeitig ist das LichtKraft-Symbol auch ein Fülle-Symbol. Fülle wird einem LichtMenschen in einem Maße bewusst und selbstverständlich, wie es lange nur wenigen Menschen vorbehalten war. Die LichtKraft beinhaltet eine Fülle, die es noch nie vorher auf Erden gab.

Was möglich wird

Jeder Funken der LichtKraft enthält unzählige Facetten, die als Kraftverstärker dienen. Wird eine Zelle von LichtKraft geflutet, potenziert sich ihre Energie und erschafft ein Schwingungs-

feld, das kaum noch mit herkömmlichen Methoden gemessen werden kann. Es werden neue Messmethoden dafür erfunden.

Ein LichtKraftfeld, das ein LichtMensch erzeugt, der sich bewusst von LichtKraft durchströmen lässt, kann sich so verstärken, dass es wie eine lebendige Batterie wirkt, die sich permanent neu auflädt. Mit der gespeicherten Energie lassen sich Dinge bewegen und gestalten, die dazu dienen, wiederum die LichtKraft für jene stärker spürbar zu machen, die noch Unterstützung brauchen.

Lichtnahrung, wie sie durch LichtKraft entsteht, macht Menschen immer unabhängiger von irdischen Ressourcen. Essen wird in immer größerem Maße zu Genuss, statt eine Notwendigkeit zu sein.

LichtKraft kann jegliche Form von Materie in Form bringen. Je geschickter ein LichtMensch sie anwendet, desto leichter ist es, Dinge aus dem Nichts zu erschaffen. Ihr wisst es, habt bislang jedoch noch nicht das Maß an Bewusstsein entwickelt, um vor euren Augen den Schöpfungsprozess sichtbar zu machen. Dies wird nun in zunehmendem Maße geschehen.

Mein persönliches Gefühl zur LichtKraft

LichtKraft ist himmlisch nährend, wie flüssiges Sonnenlicht. Ich bin sicher, dass wir alle bald in der Lage sein werden, sie auch als Nahrung zu nutzen. Bislang können nur einige wenige Menschen über lange Zeit Lichtnahrung zu sich nehmen, ohne auf Nahrungsmittel zurückzugreifen. Wenn dies immer mehr Menschen erlernen, bedeutet es vollkommene Befreiung von irdischen Ressourcen. Dies würde den ausgelaugten Böden und leer gefischten Meeren sehr gut tun.

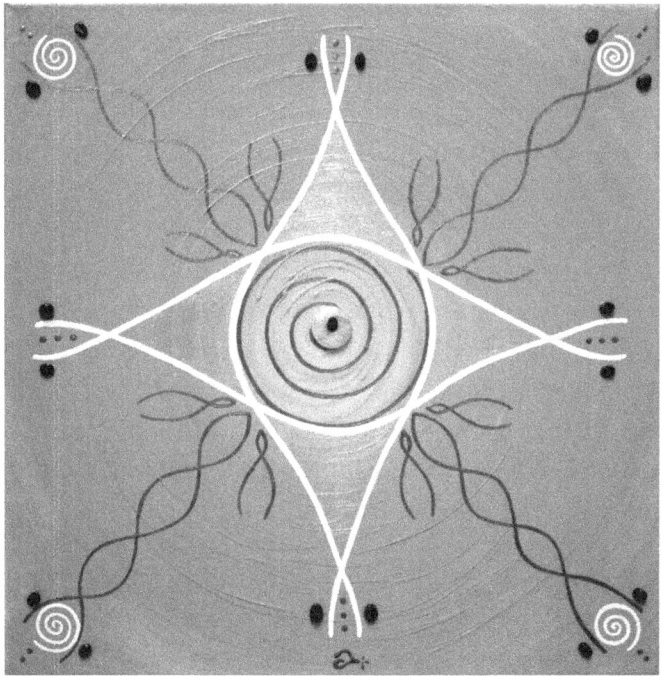

Je mehr ich mich in den Strom dieser Energie begebe, sie mit allen Zellen aufsauge und in alle Ebenen meines Seins lenke, desto mehr spüre ich mich und das Leben in allen Facetten.

Zuerst fokussiert sie mich auf das Jetzt. Wenn ich mich darin mit allen Sinnen fühlen kann, dehne ich mich aus dem Jetzt in alle Richtungen und Zeitebenen aus. Ich kann dieses himmlische, goldene Licht überallhin senden und mich dort auch fühlen.

Wenn ich die LichtKraft in die Vergangenheit und Zukunft sende, erfüllt sie beides mit Frieden und Liebe.

Wenn ich sie in mein Leben und den Ort einlade, an dem ich bin, fühle ich mich umhüllt, beschützt und sicher.

Wenn ich sie an einen Ort sende, an dem ich sein möchte, verstärkt sie dort die Schwingung, und ich komme in ein Feld aus Freude und Glück.

Mein Körper musste sich in der ersten Zeit an die neue Kraft gewöhnen. Er reagierte mit Kribbeln, Verspannungen und vor allem rund um das Herzchakra mit einem Gefühl von Druck. Das führte dazu, dass mir manchmal nachts die Hände einschliefen. Wenn ich mich dann ein bisschen bewegte und die Schulterblätter kreisen ließ, ging es vorbei. Dann ließ ich ganz bewusst mehr LichtKraft in mich hinein, denn es fühlte sich so an, als müsste mein Herzchakra als Energiezentrum und auch mein Brustkorb als körperlicher Raum erst lernen, sich neu auszudehnen und weiter zu werden. Das visualisierte ich so oft wie möglich, und mittlerweile ist es viel einfacher und weiter geworden.

In Verbindung mit dem „Neuen Licht auf Erden" verstärkt sich die LichtKraft um ein Vielfaches. Wie im Channeling schon angekündigt, braucht es Übung, so viel Energie im Körper und Geist zu versammeln und zu lenken. Ich bin grundsätzlich sehr neugierig und neige zu Ungeduld, doch mein menschliches Sein hat mir immer wieder klar zu verstehen gegeben, dass es Zeit braucht, sich anzupassen. Deshalb bitte ich auch dich um Geduld mit dir! Es lohnt sich.

An Silvester 2019 habe ich eines meiner nächsten Sternentore begonnen, das „Sternentor der LichtMenschen". Es war schon ein paar Wochen als Vision in mir, doch es sollte für uns alle die Tür in das neue Jahr und das neue Jahrzehnt sein.

Hier ist die wundervolle Botschaft:

„Jede Seele strebt nach Vollkommenheit, denn aus dem vollkommenen EinsSein kommt sie.

Jede Seele, die sich auf Erden manifestiert, trennt sich vom Ganzen und möchte dann wieder ganz sein. Dieses tiefe Bedürf-

nis nach dem Licht der Einheit und nach der allgegenwärtigen, bedingungslosen Liebe wird nun immer stärker. Es erwacht in immer mehr Menschen.

Herzen öffnen sich. Bewusstsein erwacht. Es wird deutlich spürbar, dass Leben mehr ist als bloßes Funktionieren.

Mehr Tiefe will gefühlt werden. Mehr Licht erwacht in den Zellen, dem Geist und überall auf der Erde. In allem erhebt sich die Schwingung des höchsten Lichts, das alles durchdringt und alle Seelen inspiriert.

Inspiration ist der Schlüssel. Verbunden mit Vertrauen und Hingabe an den eigenen Seelenplan und die Schöpfung entstehen immer neue Erkenntnisse.

Gemeinschaft wird wieder zum höchsten Gut, denn gemeinsam verstärken sich Wissen, Weisheit und Freude zu neuen Wegen und Möglichkeiten.

LichtMenschen entstehen durch Entwicklung, durch verstärkte Hinwendung zu Themen, die so lange unter Verschluss waren. Nun kommt alles ans Licht, und alles wird durchlichtet.

Je mehr Menschen sich diesem wundervollen Prozess hingeben und sich selbst erkennen, desto lichtvoller wird das Leben auf der Erde. Frieden entsteht, und Liebe wird überall wieder fühlbar und sichtbar."

© In Liebe und Demut empfangen im Januar 2020

Ich hoffe, dass es dich inspirieren kann, auch voller Freude zu leuchten.

Erläuterungen zum Channeling

Ich durfte nachfragen, was die einzelnen Aspekte bedeuten, damit es einfacher ist, sie zu verstehen und dadurch besser zu integrieren. Auch diese Antworten flossen aus der Ur-Quelle. Diese äußert sich durch mich oft als „wir" statt als eine Entität.

Wie funktioniert es nun, den alten Glauben und das alte Wissen loszulassen?

Ursprungs-Channeling:

„Es braucht vertrauensvollen Mut, so neue Wege zu gehen, dass kaum menschliche Begriffe dafür existieren. Es braucht bedingungsloses Urvertrauen und das Loslösen von allen bisherigen Philosophien. Es braucht die Bereitschaft, das Alte umfassend loszulassen und allen Glauben aufzugeben."

Ergänzendes Channeling:

„Du kannst keine neuen Wege mit alten Schuhen gehen, du brauchst neue Schuhe.

Du brauchst neue Augen, die neue Dinge sehen. Neue Augen, die offen für das Unsichtbare sind.

Wenn du glaubst, dass etwas SO sein muss, siehst du nicht, wenn es sich weiter entwickelt hat.

Das gilt für Objekte, Orte, Menschen, den ganzen Planeten und das Universum.

Menschen erhalten mit ihrem Glauben die alte Matrix aufrecht. Sie haben Angst vor Veränderungen.

Erst wenn du mit hundertprozentiger Bereitschaft den Wandel annimmst, dich auf allen Ebenen öffnest und dich verändern willst, kann es geschehen. Angst, Zweifel und der Sog des alten Glaubens halten dich von dem neuen Weg ab.

Es braucht sehr viel Vertrauen, dass der neue Weg wirklich gut ist. Und doch formt dein Vertrauen erst einen guten Weg. Angst kann das Gegenteil formen. Die spirituellen Seelengesetze setzen sich durch.

Manifestation passiert immer schneller, je mehr LichtKraft du aufnimmst!

Je mehr du die neue Energie aufnimmst und bereit bist, die alte loszulassen, desto leichter tauschen sie sich in dir aus. Licht hinein, Dunkelheit hinaus. Es ist einfach. Lass es bitte einfach sein. Das Leben habt ihr euch kompliziert genug gestaltet... wir müssen es immer wieder deutlich machen.

Das Einfache ist gut. Umwege kosten Zeit und Kraft.

Du kannst JETZT entscheiden, dich zu befreien, damit Platz in dir ist für die neue LichtKraft.

Unterschätze bitte nie die Macht deiner Entscheidungen. Sie sind das wichtigste Instrument auf Erden für Veränderungen. Für alles."

Was wird aus dem Ego?

Ursprungs-Channeling:

„Ein LichtMensch transzendiert das Ego.

Es wird vom Diktator zum Diener. Treu ergeben der Schöpferkraft eines LichtMenschen."

Ergänzendes Channeling:

„Was du noch Ego nennst, ist eine Verkettung von Glauben, Interpretation und Körperchemie. Dein Ego ist der geistige Faktor, der dein Wachstum einerseits fordert und fördert, und es andererseits blockiert. So lange du glaubst, dass du gegen dein Ego kämpfen musst, weil es dir Böses will, wird es so sein.

In dem Moment, in dem du die LichtKraft immer mehr aufnimmst und den Schatten loslässt, der dich blockiert, wirst du neue Gedanken erschaffen. Der Begriff „innerer Schweinehund" steht symbolisch für alle blockierenden Gedanken, Zweifel und Ängste, die dich mutlos, ohnmächtig, träge, faul und (lebens-) müde machen.

Mit der LichtKraft kannst du diese Gedanken loslassen. Du erfährst, was wahre, echte Motivation wirklich bedeutet. Nicht länger brauchst du Impulse von außen, um dich zu etwas zu motivieren, an dem du vielleicht noch zweifelst oder vor dem du Angst hast. Die LichtKraft schenkt dir so viel Power, dass du ganz klar dein Ziel vor Augen siehst und ohne Umwege darauf zugehst. Nichts kann dich mehr zurückhalten, weil du ganz sicher weißt, was gut für dich ist.

Diese tiefe Gewissheit war begraben unter dem menschlichen Aspekt namens „Ego". Nun kannst du den Schatz endlich heben und auf die Werkzeuge zugreifen, die bislang noch auf ihren Gebrauch warteten. Das Ego hat seinen Dienst als Gegenspieler getan. Es hat dich lange genug beschützt, gequält und verwirrt. Es hat dich lange genug in der Trennung festgehalten. Nun kannst du Schritt für Schritt wieder in die Einheit kommen, und zwar IM Leben, ohne sterben zu müssen.

Mit der LichtKraft ist es so selbstverständlich, dich selbst mit all deinen Facetten zu lieben – auch mit deinem Ego, weil es das Natürlichste für einen Menschen ist. Es ist so leicht, dir selbst zu vertrauen, denn nur du allein kannst ja wissen, was gut für dich ist. Du wirst deinen Wert erkennen und kannst ganz einfach die volle Verantwortung für dein Denken und Handeln übernehmen, weil auch das selbstverständlich ist.

Wird das Ego transzendiert, kannst du die freigesetzte Energie positiv für dich einsetzen.

Mag es anfangs auch noch das eine oder andere Echo des Egos geben, so doch nur, weil du es so gewohnt bist, darauf zu hören. Es ist eine pure Gewohnheit in dieser Zeit, an allem und, vor allem, an dir zu zweifeln. Zweifelnde und ängstliche Menschen sind einfach viel besser zu steuern.

LichtMenschen entziehen sich nach und nach dem Sog des Egos und der Manipulation. Sie erkennen die Tricks und Kniffe, mit denen von innen und außen die Komfortzone erhalten werden soll, und wachsen darüber hinaus. Was für eine Freiheit!"

✩ ✩

Wird es noch Angst geben?

Ursprungs-Channeling:

„Ein LichtMensch transzendiert die Angst und erkennt ihren Ursprung, während ein Gedanke aus Schatten sofort Licht macht."

Ergänzendes Channeling:

„Ihr habt vergessen, dass Angst im Ursprung nur ein Warnsignal ist. Nicht mehr, und nicht weniger. Dieser wichtige Impuls ist an deine Intuition gekoppelt. Er zeigt dir an, wenn Gefahr droht. Wenn du zum Beispiel über eine Straße gehen willst und ganz in Gedanken bist, kann deine Angst dich warnen, wenn ein Auto naht.

Dieses Warnsignal ist wichtig auf dieser Erde mit all ihren Abenteuern.

Was ihr daraus gemacht habt, ist die vielfache Angst ohne sichtbaren Grund, die sich immer wieder übersteigert hat, bis aus einem simplen Warnsignal große Panik wurde. Ihr übernehmt Ängste von eurer Familie, eurer Umgebung, der Politik, der Gesellschaft. Meistens unbewusst, und ohne sie zu reflektieren. Sie verstopfen euer System und halten euch fest in der Dunkelheit und Erstarrung. Perfekte Opfer, die gut funktionieren, statt selbstbewusst und selbstverantwortlich zu leben.

Je achtsamer du mit dir bist, und je mehr LichtKraft du getankt hast, desto mehr erkennst und fühlst du, dass diese übersteigerte, grundlose Angst vor völlig harmlosen Dingen unnütz ist. Sie macht dich schwach und ohnmächtig.

Je lichtvoller dein System wird, desto wacher wirst du für Impulse. Wenn du dann in eine Gefahr gerätst, wirst du sofort erkennen, was zu tun ist und sinnvoll handeln, statt in die Ohnmacht zu fallen. Dein inneres Licht führt dich zudem auf Wegen, die deutlich entspannter sind, als sie es für dich vielleicht früher waren. Du läufst an den früheren Sackgassen und Abzweigungen still vergnügt vorbei, weil du genau weißt, was du willst und brauchst. Und auch, was du nicht mehr brauchst."

In welche Dimensionen kommen wir?

Ursprungs-Channeling:

„Ein LichtMensch kann zwischen den Dimensionen wechseln und bleibt individuell, während das EinsSein gespürt wird. Auch zwischen EinsSein und MenschSein gibt es keine Trennung mehr."

Ergänzendes Channeling:

„Der Begriff „Dimension" ist, wie alle Begriffe, nur ein Versuch, die Meta-Ebene zu beschreiben, die nicht wirklich vom menschlichen Geist erfasst werden kann. Die Zeit ist beispielsweise eine Dimension des unendlichen Seins.

Die Menschheit hält sich an Begriffen viel zu lange fest, selbst wenn bereits verstanden wurde, dass etwas ganz anders ist als vermutet. Statt dich also mit diesem Begriff der Dimen-

sion zu beschäftigen, kannst du für dich persönlich ergründen, wie sehr du dich mit allem verbunden fühlst. Dieses Gefühl der Verbundenheit kannst du üben und trainieren, indem du dich über die Grenzen deines Körpers hinweg energetisch ausdehnst (siehe Kapitel „Übungen und Meditationen“).

Du bist ALLES, fühle es!

Es geht darum, dich von den alten Konzepten und ihren Beschränkungen zu lösen. Befreie dich aus der Materie hinein ins Licht. Auf diese Weise wirst du im wahrsten Sinne erleuchtet, denn du fühlst die Unendlichkeit, Unsterblichkeit und wahre Größe deines Selbst, das ALLES ist. So kannst du dein Leben führen mit der Gewissheit, dass es lediglich ein Spiel mit vielen Abenteuern ist. Diese Abenteuer machen viel mehr Freude, wenn du die LichtKraft nutzt.“

Können Bewertungen enden?

Ursprungs-Channeling:

„Chancen zur Entwicklung werden erkannt, ohne bewertet zu werden. Wie auch insgesamt Bewertung endet.“

Ergänzendes Channeling:

„Bewertung hält dich in der alten Matrix. Lass sie los. Befreie dich. Erhebe dich über die Kleinlichkeiten und Ängste, die dich werten lassen. Befreie dich von Hybris, Narzissmus, Neid, Missgunst und Eifersucht.

Je mehr LichtKraft du in dir hast, desto weniger Sinn machen diese Gefühle, denn sie entstehen aus Mangel und Minderwertigkeitsgedanken.

Als LichtMensch weißt du um deine Qualitäten und auch um das, was du nicht kannst. So kannst du ganz klar kommunizieren, deine wahren Werte mitteilen und erkennen, welche Situationen und Menschen dir wirklich guttun.

Je mehr du leuchtest, desto seltener gerätst du in Ereignisse oder an Menschen, die dich von deinem Weg abbringen können. Du hast den Fokus auf deinen wahren Herzenszielen und gehst deinen Weg. Lächelnd, selbstsicher und klar.

Du erkennst die Geschenke in Situationen und kannst dankbar sein.

Steht etwas zwischen dir und deinen Zielen, findest du Lösungen und triffst die besten Entscheidungen."

Neue Kommunikationsformen

Ursprungs-Channeling:

„Kommunikation wird telepathisch verstärkt, indem die Herzresonanz angeglichen wird. Es wird leichter, den wahren Sinn von Worten und Gesten des Gegenübers zu erfassen.

Ein LichtMensch kommuniziert mit allen Sinnen, und in dem Maße, in dem die Sinne gefördert und gestärkt werden, steigert sich sinnvolle, wortlose Kommunikation."

Ergänzendes Channeling:

„Telepathie ist eine ganz natürliche Form der Kommunikation. Sie verbindet Seelen jenseits von Raum und Zeit.

Als LichtMensch spürst du dich Tag für Tag intensiver. Und so kommunizierst du auch immer mehr mit dem Herzen als mit dem Verstand, der sehr eingeschränkt ist in seinen Möglichkeiten.

Du verlierst deine Angst, dich genau so zu zeigen, wie du bist. Du trittst anderen Menschen offenen Herzens entgegen und nimmst sie respektvoll mit allen Sinnen wahr. In einer Schwingung aus Liebe, Mitgefühl und Wertschätzung kannst du die feinen Signale deuten, die ein Mensch bewusst und unbewusst gibt. Viele Fragen werden deshalb wegfallen, denn du erfasst die Stimmung und Befindlichkeit deines Gegenübers mit einem Blick.

Gedanken und Gefühle sind Schwingungen.

Je lichtvoller du wirst, desto leichter kannst du diese Schwingungen aufnehmen und deuten. Und du kannst sie leichter aussenden. Das hast du immer schon getan, doch geschah dies unbewusst. Nun kannst du die LichtKraft nutzen, um dich schneller und einfacher mit anderen auszutauschen.

Zunächst ist es am leichtesten mit Menschen, die du gut kennst und liebst, denn mit diesen Menschen bist du auf der Herzensebene eng verbunden.

Je öfter du nun übst, desto mehr kannst du deine feinen Übersinne stärken.

Einige Übersinne wie Hellfühlen, Hellsehen und Hellhören sind schon lange bekannt, ähnlich wie die Telepathie. Andere Übersinne werden nun freigeschaltet.“

Kontakt zur Quelle

Ursprungs-Channeling:

„Neben dem feineren, klareren Austausch zwischen Licht-Menschen wird auch der Zugang zu den Quellen des Universums leichter. Was vormals nur wenigen Menschen mit entsprechenden Talenten möglich war, wird immer mehr zu einer Selbstverständlichkeit für alle."

Ergänzendes Channeling:

„Als LichtMensch wird es dir immer leichter fallen, deiner inneren Weisheit und Wahrheit zu folgen. Du kannst die Verbundenheit zum allgegenwärtigen Wissen fühlen, das im ALL-EINS-SEIN zu finden ist. Die Verbindung wird stärker, reiner und leichter.

In dem Maße, in dem du lernst, dir selbst zu vertrauen, wirst du auch die Impulse aus der Quelle allen Seins annehmen können. Du wirst klar spüren, woher die Impulse genau kommen und ob sie dir und deiner Umwelt dienen."

Deine Selbstwerte

Ursprungs-Channeling:

„Ausgehend von der Tatsache, dass ein ursprüngliches Gefühl von Wertigkeit jede Tätigkeit verbessert, hat ein Licht-Mensch endlich wieder Zugang zu Talenten, für die es vorher nicht genug Mut gab, um sie zu testen. Mut steigert sich, alle Selbstwerte steigern sich, und auch das Urvertrauen wird integriert, wodurch innerer Frieden selbstverständlich wird.“

Ergänzendes Channeling:

„Es braucht, wie schon beschrieben, Mut und Kraft, um zum LichtMenschen zu werden. Die LichtKraft hilft dir, genau dies auszudehnen. Mit dieser Energie spürst du immer deutlicher, dass du immer schon Zugang zum Urvertrauen, zur bedingungslosen Liebe und zur Schöpferkraft hattest. Nun wird der Zugang geöffnet.

Die liebevolle Hingabe an das eigene, kostbare Leben flutet dein Herz, und du spürst, dass du immer geborgen und sicher bist. Diese innere Sicherheit schenkt dir wiederum Frieden und Lust auf neue Taten. Sie schenkt dir ganz viel Hoffnung und Zuversicht!

Du kannst entspannt und mit Leichtigkeit den Strom des Lebens spüren, der durch dich hindurch fließt und dich liebevoll trägt.“

☆☆

Ergänzung Januar 2020

In den Monaten des Jahres 2019 durfte ich meine Erfahrungen der fünf Jahrzehnte auf Erden innerhalb kürzester Zeit vervielfachen. So viel wurde mir bewusst und auf allen Ebenen verständlich, was vorher nur Theorie war. Vieles fügte sich auf magische Weise zu nachvollziehbaren Erkenntnissen, die ineinandergriffen und mir einen neuen Blick auf das Leben schenkten.

Deshalb möchte ich einige Aspekte des Seins hier aus meiner Sicht ergänzen, die im Ursprungs-Channeling nicht auftauchten.

☆☆

Macht und Selbstermächtigung

Eines der zentralen Werkzeuge eines LichtMenschen ist die ureigene Macht!

Die Basis für ein Leben als LichtMensch ist, die ureigene Macht anzunehmen und sinnvoll zu nutzen.

Die meisten Menschen der aktuellen Zeit haben ihre Macht noch nie gespürt. Es ist ein Werkzeug, das alle im „Rucksack" haben, wenn sie auf die Erde kommen. Doch da in den letzten Jahrhunderten, gar Jahrtausenden, bis auf wenige Ausnahmen, kaum jemand seine wahre Schöpferkraft erlebt oder gar anzuwenden gelernt hat, ist diese Gesellschaft das geworden, was sie im Moment ist.

Einige wenige machtvolle MachtHABER lenken sehr viele Machtlose. Es gibt deutlich mehr Opfer als Schöpfer und Gestalter.

Dank der permanenten Anwendung der LichtKraft ist für mich mein Schöpferinnen-Sein mittlerweile selbstverständlich geworden. Ich spüre jeden Tag, jeden Moment meine persönliche Macht, die ich lenken und nutzen kann.

Sie ist sozusagen LichtKraft, die in Taten umgewandelt wird. Da alle Seelen und alles, was existiert, EINS und göttlich sind, ist alles ganz natürlich kreativ – eben schöpferisch. Jede Entscheidung entsteht aus der eigenen Macht heraus, jeder Zeugungsakt, jeder Schritt, jede Handlung.

Meistens unbewusst, weil nur ca. 1% der eigenen Macht genutzt wird (wenn überhaupt).

Es ist ein ganz natürliches, schönes Gefühl, über die Macht zu verfügen, das eigene Leben zu lenken und zu gestalten. Es ist herrlich, ganz bewusst Energie zu lenken. Innerhalb meines eigenen Systems und rund um die Erde, bis hinein ins Universum.

Ich lenke meine Macht mit Liebe und Bewusstsein. Ich lenke sie mit der Gewissheit, dass ich damit Frieden und Harmonie erzeugen kann. Sie fließt in meine Worte, Bilder, Bücher, Videos und Gespräche. Sie fließt durch mich und aus mir heraus – mit jedem Gedanken und Gefühl, mit jeder Tat.

Macht durchdringt mein Leben und macht sich sichtbar in allem, was in mir und um mich herum ist.

Ein guter Indikator dafür, dass ich meine Macht endlich annehme, sind einige einfache Faktoren:

- Ich habe kaum noch Zweifel an mir und meinem Wirken.
- Die früher permanente Angst ist kaum noch da.
- Mein Geldfluss fließt tatsächlich endlich.
- Glück ist mir nicht mehr unangenehm, sondern ich lade es lachend und bewusst ein, genau wie das Geld und andere Wertschätzungen.
- Weil ich alles Gute, Wahre und Schöne einlade, zeigt es sich auch endlich.
- Ich gehe sehr achtsam und verantwortungsvoll mit meiner Macht um, weil ich mich, mein Leben und alles Sein liebe.

Macht wurde – genau wie Geld – im Laufe der menschlichen Entwicklung mit sehr vielen negativen Eigenschaften und Auswirkungen in Verbindung gebracht. Ich persönlich hatte so viele Vorbehalte und selbstzerstörerische Glaubenssätze diesbezüglich gespeichert, dass ich ein wahrhaft bettelarmes Opfer war. Und dies war für mich nahezu normal und selbstverständlich, weil ich es genauso gelernt und von Kindesbeinen an verinnerlicht hatte.

Diese Glaubenssätze zu verändern war ein tüchtiges Stück Arbeit, doch es hat sich über alle Maßen gelohnt.

Endlich ist in mir ein Gefühl von Dankbarkeit für meine Macht entstanden. Ich erkenne, wie ich sie sinnvoll lenken kann. Damit kehrt auch ein Gefühl von Fülle in mein Leben ein, das sich ebenfalls ganz natürlich anfühlt.

Mit Hingabe an das Göttliche beginnt das Leben leicht und geschmeidig zu fließen. Auch Geld ist ein Fluss, der sich bewegen möchte. Festhalten lässt den Strom versiegen. Es ist die Balance, der goldene Mittelweg, der alles im Leben lebendig hält. Geben und annehmen und sinnvoll nutzen zum Wohl aller Beteiligten. Das gilt für Macht, Geld, Liebe … für alles.

Nutze ich meine Macht nicht, bin ich Opfer. Dann rufe ich nach einem Täter, der mir beweist, dass ich tatsächlich ein armes, kleines, unnützes Ding bin. Dieser Täter nutzt den von mir ungenützten Raum und dehnt sich dort hinein aus. Nutzt mich aus, macht mich klein und nimmt sich die Macht und den Reichtum, den ich ablehne, weil ich ihn ja nicht verdient habe.

Es ist so ein anderes Leben, wenn endlich klar und fühlbar geworden ist, dass ich allein mich selbstermächtigen kann. So, wie du dich selbstermächtigen kannst.

Lass uns wieder unserem natürlichen Lebensfluss folgen, statt gegen ihn anzuschwimmen, damit wir wie die anderen sind. Lass uns im strahlenden Licht unserer Macht und Schöpferkraft das Beste und Schönste aus unserem Leben MACHEN. Zum Wohl unserer selbst und aller Beteiligten.

Ich habe gegen Abschluss dieses Buches entschieden, eine Fortsetzung zu schreiben, speziell als „Handbuch für LichtMenschen". Darin werde ich näher auf die ureigene Macht und ihre sinnvolle Nutzung eingehen.

Der Übergang

Wenn du dich von einem bewussten Menschen in einen LichtMenschen verwandelst – und man kann hier wirklich von einer Verwandlung sprechen –, kann einiges passieren, von dem du wissen solltest. Es sind nur Möglichkeiten, und keinesfalls wird jedem Menschen das Gleiche oder gar alles gleichzeitig passieren. Vielleicht erlebst du den Übergang mit großer Leichtigkeit. Das wünsche ich jedem Menschen!

Körperliches Unwohlsein

Wenn du mehr LichtKraft in dich aufnimmst, dehnt sich deine Energie aus. Du wirst nicht körperlich wachsen, indem du größer wirst oder mehr Umfang bekommst. Du wirst dich energetisch ausdehnen.

Auch deine Zellen gewinnen dank der intensiven Reinigung mehr Kraft und arbeiten so hochkonzentriert, wie du es noch nie erlebt hast. Denn durch die LichtKraft werden mehr Mitochondrien (Kraftwerke der Zellen) geweckt.

Bis dein Körper sein vorläufiges Limit erreicht hat, fühlt es sich an wie damals, als du in deiner frühen Kindheit Wachstumsschübe hattest.

Ohne Angst wecken zu wollen, ist es dennoch einfach wichtig, die möglichen Vorgänge zu kennen, damit du vorbereitet bist.

Stell dir dann bitte vor, dass du alle guten Mächte einlädst, die du vielleicht ohnehin schon an deiner Seite hast. Das können die Engel sein, Gott selbst, Krafttiere, Mutter Erde – was auch immer du brauchst, wird dir helfen, entspannt deine Energie auszudehnen und mehr Leichtigkeit zu empfinden.

Ich rufe in solchen Fällen gerne meinen Schutzengel, lasse mich von liebevollen Menschen umarmen und schenke mir eine gute Massage bei einem Menschen, dem ich vertraue. Das beruhigt deinen Körper in Wachstumszeiten, die immer mal wieder kommen werden, denn Entwicklung geschieht ja permanent.

Einige mögliche Auswirkungen:

- Knochen-/Gelenkschmerzen,
- Kopfschmerzen,
- Schwindelgefühl,
- Hunger,
- Muskelkrämpfe,
- Unruhe,
- Ungewohnte Reaktionen deines Verdauungsapparats.

Es können sehr schwache oder auch stärkere Phänomene sein. Und es kann eben auch sein, dass du einfach den Übergang mit Leichtigkeit genießt.

WICHTIG:

Beobachte dich gut und lass dir helfen, wenn nicht klar ist, ob diese oder andere körperliche Signale mit deinem spirituellen Wachstum zusammenhängen, oder mit einer anderen Ursache.

Einfache Lösungen:

Hier sind meine aktuell besten Tipps für Zeiten, in denen diese körperlichen Phänomene „aus heiterem Himmel", ohne offensichtliche Ursachen auftreten – bitte prüfe immer, ob sie für DICH sinnvoll sind, oder ob du lieber einen Arzt/Therapeuten/Heilpraktiker um Rat bitten möchtest:

- Tanke Sonnenkraft. Selbst wenn sie hinter Wolken verborgen ist, so ist doch unser Heimatstern Sonne sehr machtvoll. Ohnehin ist die LichtKraft auch von der Sonnenenergie gespeist. Je mehr Sonne du sehen und fühlen kannst, desto besser kannst du auch die LichtKraft integrieren.

- Sanfte Bewegung, zum Beispiel Spazierengehen, Yoga, Qi-Gong, Stretching etc.
- Viel klares, am besten unbelastetes Wasser und Kräutertee trinken, denn dies hilft beim Reinigen des Körpers.
- Möglichst basisch essen und trinken, zum Beispiel auf viel Kaffee, tierische Produkte und Zucker verzichten. Du kannst zum Beispiel auf Getreidekaffee, pflanzliche Milch, vegane Ersatzprodukte und Zuckerersatz wie Stevia, Ahornsirup, Dattelsüße, Xylit und Erythrit umstellen. Allein diese Umstellung kann deinen Körper sehr entlasten.
- Jeden Morgen auf nüchternen Magen den Saft einer frisch gepressten Zitrone zu trinken macht den Körper basisch, hilft beim Entgiften und versorgt ihn mit vielen wichtigen Nährstoffen. Für mich ist die Zitrone DIE LichtKraft-Pflanze. Zitronensaft bitte nicht erhitzen, denn das zerstört die wichtigsten Inhaltsstoffe. Ich gebe auch eine Zitrone mit mindestens der Hälfte der äußeren Schale und allen Kernen in meinen täglichen Smoothie hinein. In Kernen stecken lebenswichtige Vitamine und Enzyme.
- Wenn du gerne fastest, ist dies die einfachste Möglichkeit, dich auf den Prozess zu konzentrieren, während dein Körper „Urlaub" vom Verdauen hat.
- Gute und natürliche Magnesiumpräparate, wie zum Beispiel Schüsslersalz Nr. 7, für die Muskeln und zur Entspannung einnehmen. Es gibt auch gute vegane Alternativen.
- Wenn der Hunger sehr groß ist, spüre in dich hinein, was du gerade wirklich brauchst. Folgst du vielleicht einer Suchtmotivation oder alten Gewohnheiten, die überdacht und gegebenenfalls ausgetauscht werden können (zum Beispiel statt Mischkost lieber vegetarisch oder vegan essen).

Je mehr du dich auf die Liebe zu deinem Körper konzentrierst und ihm zuhörst, was er gerade will und braucht, desto leichter vergehen die kurzen Anflüge von Unwohlsein.

Dein Körper wird im Laufe der Zeit immer besser mit den Veränderungen umgehen, wenn du die LichtKraft aufnimmst. Dein Immunsystem wird stabiler, und dein Körper freier und geschmeidiger. Er kann immer leichter Viren, Bakterien und Parasiten ausscheiden, die nicht zu dir gehören. Mit den Umweltgiften kannst du ebenfalls besser umgehen.

Der Übergang fühlt sich ähnlich an wie das Stadium eines Schmetterlings, kurz bevor er von einer Raupe zur Puppe wird und dann tatsächlich seine wahre Gestalt entfaltet.

Auch eine Schlange wächst beständig weiter und legt jedes Mal ihre Haut ab, um weiter wachsen zu können. Wichtig ist, dass du Ruhe bewahrst und in solchen Phasen besonders liebevoll mit dir umgehst und sehr gut für dich sorgst.

WICHTIG:
Du musst nicht leiden!
Das flüstert das Ego leider zu gerne, weil es dies vielleicht gelernt hat. Sei aktiv, lass dir helfen, sei offen für gute Ideen, die von überall her zu dir kommen, finde einen Therapeuten oder Berater, damit alles leichter vorwärtsgeht. Sorge gut für dich und dein Wohlgefühl.

Geistige Auswirkungen

Wenn du die LichtKraft bewusst in dein Gehirn fluten lässt, werden sich dort erstaunliche Dinge tun. Die still liegenden Areale bekommen neue Impulse. Die Kommunikation der Gehirnzellen untereinander nimmt zu. Dein Bewusstsein erweitert sich ganz natürlich.

Anfangs ist es noch ungewohnt, mehr Impulse wahrzunehmen. Deshalb ist es wichtig, dass du dir Zeit für Meditationen nimmst. Ob geführte Meditationen (in meinem YouTube-Kanal findest du einige, auch LichtKraft-Meditationen – siehe Link am Ende des Buches), oder einfach das stille Beobachten deiner Gefühle, Gedanken und deines Körpers. Wichtig ist, dass du dir Zeit nimmst und diesen Vorgang selbständig und bewusst steuerst.

Überfordere dich nicht aus Begeisterung oder Neugierde. Bleib achtsam.

Du kannst am besten den Übergang genießen, indem du einen Schritt nach dem anderen machst. Lerne die neuen Fähigkeiten nach und nach kennen und probiere sie erst einmal aus.

Wenn deine Stimmung kippt und alte Muster und Gedanken auftauchen, konzentriere dich auf das Licht in dir.

Einem vertrauten Menschen zwischendurch von den eigenen Gefühlen zu erzählen, ordnet das innere Chaos. Vor allem, wenn dieser Mensch selbst sehr bewusst ist und beim Ordnen helfen kann.

Sollten ungewohnte, beunruhigende Gedanken oder geistige/körperliche Phänomene auftreten, wende dich an eine Person, der du vertraust. Ganzheitliche Berater sind für den Übergang eine gute Lösung, wenn du an deine Grenzen stößt. Damit du auf deinem Weg bleibst und nicht frustriert in die alten (Ego-)Muster zurückfällst. Dies gilt sowohl für die körperlichen als auch für die geistigen Wachstumsschübe.

Dein neuer Körper und dein neues Bewusstsein

Ein LichtMensch fühlt sich intensiv auf allen Ebenen. Mit allen Sinnen und mit aller Liebe.

Statt sich dem Sog und Druck der Außenwelt zu unterwerfen, findet ein LichtMensch neue Wege für sich.

Einige Bereiche, die sich neu gestalten können:

- **Deine körperliche und geistige Gesundheit**

  Es gibt so viele Theorien darüber, was gesund ist. Du allein kannst aus der Vielzahl die richtigen Schlüsse für dich ziehen und ausprobieren, was dir gerade richtig erscheint. Du wirst deinen Weg, die sinnvollste Form der Bewegung und die beste Ernährungsform finden, indem du dich wirklich intensiv spürst!

  Folge deinem Herzen und probiere aus, was dein Körper braucht, wenn sich die LichtKraft in dir ausdehnt. So viel wurde dir in deiner Kindheit angeboten oder gar aufgezwungen, was dein Körper gar nicht mochte. Ob in Sachen Nahrung, Bewegung oder auch Berufung.

- **Dein Ego**

  Je mehr es zu deinem Freund wird, desto leichter kannst du die Grenzen überwinden, die dich davon abhalten, dir Gutes zu tun und Neues zu entscheiden. Gleichzeitig wirst du besser spüren, was du loslassen kannst, damit du dich leichter und klarer fühlst.

- **Die Angst**

  Du lässt dir keine Angst mehr machen, weil du immer besser unterscheiden kannst, ob die Angst wichtig ist oder nicht. Ist sie wichtig, hörst du auf ihre Botschaft. Ist sie unwichtig, lässt du dieses Gefühl einfach los, das vielleicht nur ein Echo der alten Gewohnheiten ist.

- **Deine Berufung**

  Wenn du deinen Lieblingsberuf schon gefunden hast, wirst

du möglicherweise neue Facetten erlernen und neue Impulse hineinfließen lassen. Wenn du noch nach deiner Berufung suchst, wird sie sich nun immer deutlicher zeigen. Denn sie hängt unmittelbar zusammen mit deinen wahren Wünschen, Gefühlen und Talenten. Diese zu entdecken ist nun eine der wichtigsten und schönsten Phasen deines Lebens. Sei neugierig und lass die Impulse kommen.

- **Partnerschaft & Beziehungen**
  Zwischenmenschliche Beziehungen werden sich neu gestalten. Echte Kommunikation mit Herz und Seele verbindet dich ganz neu mit deinen Mitmenschen. Bestehende Partnerschaften und Freundschaften bekommen frische Energie und können noch tiefer und schöner werden. Durch dein verstärktes Selbstvertrauen und deine gestärkte Selbstliebe können neue Menschen in dein Leben kommen, die eine ähnliche Schwingung und Offenheit haben wie du. Menschen, die nicht mehr in dein neues, bewusstes Leben passen, verabschieden sich. Diesen Prozess kannst du bewusst und liebevoll steuern, wenn du möchtest. Auch dies ist aktive Selbstliebe.

- **Fülle**
  Je mehr du deine Macht und deine Selbstwerte aktivierst und dich vertrauensvoll deiner Lebensenergie hingibst, desto mehr kannst du die Fülle des Lebens annehmen. Dies bezieht sich auf alle Bereiche wie Liebe, Glück, Lebensfreude, Gesundheit, und auch finanzielle Fülle. Lade ganz bewusst die Fülle des Lebens ein und freue dich darauf, sie sinnvoll zu nutzen und auch zu teilen, wenn es sich gut für dich anfühlt. Fülle möchte fließen und verdoppelt sich, wenn man sie in (Selbst-)Liebe teilt.

Zurück ins Licht – Reaktivierung der Zirbeldrüse und Thymusdrüse

LichtKraft wirkt ganzheitlich. Sie erreicht alle Bereiche des menschlichen Seins und aktiviert, was an Potenzialen noch schlummert. Der Körper hat noch so viel mehr Potenzial, was Gesundheit, Intelligenz und Verständnis betrifft.

Im Laufe meiner jahrzehntelangen Forschung sind mir einige, für das Bewusstsein sehr wichtige Faktoren begegnet, zu denen diese beiden wichtigen Hormondrüsen gehören.

Die Zirbel- und Thymusdrüse haben sich im Verlauf der letzten Jahrzehnte, wenn nicht gar Jahrhunderte, sehr verändert. Natürlich kann dies nur eine grobe Aussage sein, denn beide Organe sind zwar schon Jahrtausende lang bekannt, wurden jedoch von der modernen Medizin bislang noch nicht ausgiebig erforscht. Während der Anwendung der LichtKraft wurde ich wieder ganz klar zu diesen beiden „Licht"-Drüsen geführt, weshalb ich dich an meinen wichtigen Erkenntnissen teilhaben lassen möchte. Mir haben sie sehr geholfen, mich immer stärker zum LichtMenschen zu entwickeln.

Die Zirbeldrüse – der Dirigent des Körpers

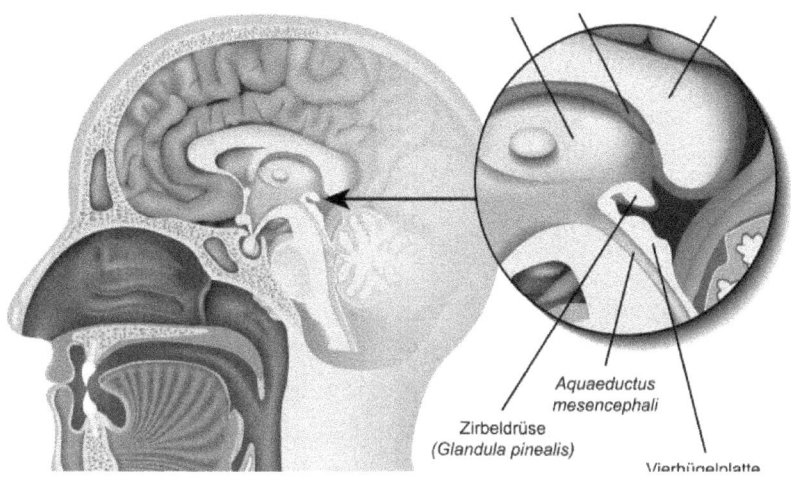

Zirbeldrüse
(Glandula pinealis)

Aquaeductus
mesencephali

Vierhügelplatte

Vor allem die winzige Zirbeldrüse, die mitten im Gehirn sitzt, ist von unserer unnatürlichen „zivilisierten" Lebensweise betroffen. Heutzutage ist sie bei den meisten Menschen leider verkümmert oder verstopft/verkalkt. Sie ist der Dirigent des Körper-Orchesters – und ohne gesunden, aktiven Dirigenten gibt es ziemliches Chaos.

In der Zirbeldrüse wird das Hormon Melatonin produziert. Dieses Neurohormon wird bei Dunkelheit gebildet, überwiegend nachts. Melatonin beeinflusst unseren gesamten Biorhythmus. Eine Fehlfunktion der Zirbeldrüse kann unter anderem Schlafstörungen, sexuelle Frühreife oder Verzögerung bzw. Hemmung der Geschlechtsentwicklung bewirken.

Die Zirbeldrüse ist mit unseren Augen verbunden und funktioniert tatsächlich wie ein Auge. Deshalb kann sie unseren Biorhythmus steuern. Gestört wird sie – neben Umwelt- und Nahrungsgiften – unter anderem vom Blaulicht des Computers und des Handys, das auch am Abend und in der Nacht Tageslicht simuliert. Zudem leben viele Menschen tagaus, tagein, ohne viel natürliches Sonnenlicht zu erleben, während Kunstlicht selbst in der Nacht für „Lichtverschmutzung" sorgt.

Vor allem in den nördlichen Ländern und in städtischen Ballungsgebieten ist das eine Erklärung für den massiven Anstieg von Schlafstörungen und die daraus entstehenden Depressionen etc., unter denen immer mehr Menschen leiden.

Melatonin ist jedoch nicht nur für einen geruhsamen Schlaf von immenser Bedeutung, denn es verfügt zusätzlich über ein außergewöhnlich starkes, antioxidatives Potenzial, wodurch Zellschäden in der Nacht wirksam reduziert werden.

Durch die Abnahme des Melatoninspiegels wird der Alterungsprozess beschleunigt, und die Anfälligkeit für Erkrankungen jeglicher Art steigt an.

Wissenschaftler vermuten, dass die Zirbeldrüse einen Stoff namens Dimethyltryptamin (DMT) produzieren kann. Diese Substanz wirkt sich bewusstseinserweiternd aus und verleiht halluzinogenen Pflanzen wie *Psychotria viridis* ihre berauschende Wirkung und ist die Basis des rituellen Ayahuasca-Getränks, das ursprünglich von Schamanen für ihre Trance genutzt wurde und aktuell auch von spirituellen Menschen für einen besseren Einstieg in innere Reisen verwendet wird. DMT ermöglicht unserem Gehirn, sich auf natürliche Weise zu erweitern und neuartige Gedankenstrukturen und Empfindungen zu kreieren.

Die Zirbeldrüse kann, laut aktueller wissenschaftlicher Forschung, also sehen und sogar hören, obwohl sie mitten im Kopf sitzt, was man schon im Altertum wusste, weshalb man sie mit dem Namen „Drittes Auge" bezeichnet hat (siehe Beschreibung im Abschnitt „Die Chakren").

Je reiner und gesünder sie ist, desto besser kann sie unseren Körper „dirigieren", und desto stärker ist unsere Verbindung zur Ur-Quelle, unserer eigenen Schöpferkraft, Intuition und Macht. Sie schenkt uns, im Zusammenspiel mit einem insgesamt gesunden Körper, dann endlich wieder das Gefühl von „All-Eins-Sein".

Meine eigenen Recherchen in den vergangenen zwanzig Jahren haben mir so viel von dem, was ich seit meiner Geburt erlebt und teilweise „durchlitten" habe, endlich erklärt. Vor allem den Prozess des Erwachens und die Heilung, die ich erleben durfte. Seit ich mich bewusst dem Weg meiner Seele hingebe, werde ich immer klarer, reiner und verbundener. Das Gefühl von Geborgenheit im Kosmos, im Leben und in mir ist so ein Wunder, dass man es kaum in Worte fassen kann. Dies führe ich unter anderem auf meine bewusst gereinigte Zirbeldrüse zurück.

Der Mensch ist im Kosmos eingebettet und kommuniziert mit ihm ständig auf allen Ebenen. Meistens findet dies unbewusst statt. Je erwachter ein Mensch ist, desto mehr kann er diese Kommunikation fühlen. Eine sehr vereinfachte, jedoch gut verständliche Erklärung liefert Dieter Broers, der als Biophysiker im deutschsprachigen Raum sehr viel Aufklärungsarbeit in Sachen Bewusstsein geleistet hat[2]:

In unserem Sonnensystem sendet die Sonne eine Frequenz von 8 Hertz aus (für das menschliche Ohr nicht hörbar). Die Erde nimmt diese Frequenz auf und gleicht sich an. Man nennt

---

2 www.dieter-broers.de

sie auch Schumann-Frequenz, benannt nach deren Entdecker. Alles Leben auf der Erde gleicht sich wiederum dieser Schumann-Frequenz an.

Wenn Zirbeldrüse, Hypophyse und der Hippocampus, das Dreiergespann in unserem Gehirn, wieder synchron in dieser für sie natürlichen Frequenz schwingen, können sie optimal funktionieren, was unsere Fähigkeit zu visualisieren (zum Beispiel während Meditationen tatsächlich Bilder und alle Farben des Spektrums zu sehen), unser Selbst-Bewusst-Sein und somit auch unsere Manifestationskraft stärkt.

Mittlerweile gibt es schon Geräte und „Musik", die im Menschen diese Frequenz wieder herstellen können.

Wir können so viel aktiv dafür tun, um den gesunden Urzustand wieder herzustellen.

Die Thymusdrüse
Quelle unseres Immunsystems und Schaltzentrale der Lebensenergie

Die Thymusdrüse ist eine sehr wichtige Hormondrüse unseres Körpers. In unserer Kindheit und Jugend bildet sie unser Immunsystem aus und steuert es, so lange sie aktiv ist.

Zudem versorgt sie später den Körper als Steuerungsorgan mit Energie. Ihr Name kommt vom griechischen Wort „thymos", was Lebensenergie bedeutet.

Laut Traditioneller Chinesischer Medizin (TCM) ist sie der Hauptverkehrsknotenpunkt unserer Gefühle.

Im Altertum wurde sie in vielen unterschiedlichen Traditionen auch „Sitz der Seele" genannt.

Aufgrund der Lage in der Mitte des Brustkorbs, zwischen Kehle und Herz, direkt unter dem Brustbein, gilt dieses wichtige Organ auch als Bindeglied zwischen Körper und Geist.

Die Thymusdrüse bildet in den asiatischen Traditionen eines von 21 Nebenchakren ab, dem türkisen Thymuschakra, das unter anderem für Impulse, Lebensenergie und inneren Frieden steht. Es verbindet das Herzchakra und das Halschakra, was man auch als „Kommunikation in Liebe" interpretieren kann.

Auf emotionalen Stress reagiert die Thymusdrüse als erstes all unserer Organe vor allem, wenn es sich um Unsicherheit gegenüber dem Leben handelt, oder auch beim Gefühl der Schutzlosigkeit bzw. Angst vor „Angriffen" von anderen Menschen.

Bei schwerer Krankheit, emotionalen Konflikten und dauerhaftem Stress schrumpft die Thymusdrüse stark. Auch Umwelt- und Nahrungsgifte können diese Drüse dazu veranlassen, sich in Binde- und Fettgewebe zu verwandeln. Diese Rückbildung ist direkt mit dem Alterungsprozess verbunden. Mittlerweile gilt es leider als ganz normal, dass dieses wichtige Organ im Alter verstopft und schrumpft, doch das muss nicht sein, bzw. es kann wieder rückgängig gemacht werden.

Stärkt und reinigt man die Thymusdrüse, können sich alte Emotionen befreien, Stress wird abgebaut, die Lebensenergie kehrt zurück, und das Immunsystem kann wieder gut funktionieren. Auch der Energiefluss der Meridiane, die durch den ganzen Körper verlaufen, kann wieder in Gang gebracht werden, denn die Thymusdrüse ist deren Schaltzentrale. Auch die Intuition kann sich dadurch verstärken, wodurch sich wiederum die Verbindung zum Göttlichen und das All-Eins-Sein besser fühlen läßt.

Neben der sehr bekannten Klopftechnik EFT, die in die Übung „Herzatmung" (siehe Kapitel „Übungen und Meditationen") einfließt, kann man den ganzen Körper, vor allem aber die wichtigen Hormondrüsen, auf eine einfache Weise entkalken und natürlich durchspülen.

Einige einfache Möglichkeiten zur Unterstützung und Befreiung der „Licht"-Drüsen (und des ganzen Körpers)

- Natürliche Entgiftung, zum Beispiel mit Mineralerden (Zeolith, Bentonit, Heilerde etc.).
- Leber- und Darmreinigungen.
- Gute ätherische Öle (zum Beispiel Neroliöl)[3].
- Singen (zum Beispiel Mantren) und Musik mit heilsamer Frequenz (zum Beispiel 432 Hertz, die ich auch unter meine Meditationen lege).
- Das Spurenelement Bor/Borax.
- Reduzierung und späteres Weglassen von tierischen Produkten.
- Reduzierung von Giftstoffen wie Fluorid (zum Beispiel in Zahnpasta), Aluminium (keine Getränke aus Aludosen oder -flaschen), Nikotin, Alkohol, chemischen Drogen und tierischen Produkten.

---

3 Siehe Kapitel „Energieprodukte für mehr LichtKraft"

Lichtvolle LEBENSmittel

Vielleicht hast du schon die für dich passende Ernährungsform gefunden, die dir guttut. Falls du noch Zweifel hast, kannst
du dir gern in Ruhe meine aktuell besten Tipps für LichtMenschen anschauen.

Denn ein LichtMensch kann am besten mit lichtvoller, na-
türlicher Nahrung das Leben genießen. Und auch Genuss ist ein
tragender Aspekt, der uns zum Leuchten bringt.

In meinem Blog auf meiner Webseite[4] findest du ganz viele
Tipps rund um vegane Ernährung und auch einige sehr leckere
Rezepte (vielleicht schreibe ich mal ein Kochbuch für LichtMen-
schen). Schau einfach mal vorbei und lass dich inspirieren.

---

4 www.sonja-ariel.com/blog

Für mein LichtKraft-Buch habe ich meine aktuell besten Tipps für dich herausgesucht. Einige davon habe ich schon in den vorangegangenen Kapiteln erwähnt und lasse sie hier noch einmal mit einfließen, damit du alles auf einen Blick lesen kannst.

Alle Tipps nutze ich selbst seit vielen Jahren. Ich habe unendliche Stunden in allen mir zugänglichen Quellen recherchiert, habe getestet, verworfen, ausprobiert und nur das beibehalten, was für mich Sinn macht.

Bitte spüre immer gut in dich hinein, ob es sich für dich stimmig anfühlt. Solltest du unsicher sein, kannst du selbst recherchieren. Es gibt zu vielen Bereichen der Ernährung sehr gegensätzliche Meinungen. Ich folge immer meinem Bauchgefühl und bin dadurch gesünder geworden, als ich es mir je hätte träumen lassen. Immerhin galt ich im Alter von 20 Jahren als austherapiert und wurde von verschiedenen Ärzten für lebenslänglich leidend erklärt. Heute bin ich so gesund, dass ich jeden Tag in vollen Zügen dankbar genießen und voller Glück leuchten kann.

Hier ist meine persönliche Checkliste für sinnvolle, gesunde und lichtvolle LEBENSmittel:

- Je mehr biologisch und ökologisch angebautes Gemüse und Obst, desto besser. Selbst in Großhandelsketten wie Aldi/ Hofer, Lidl & Co. gibt es Bio-Lebensmittel. Diese sind zwar kein Top-Bio-Nahrungsmittel, aber immer noch in vielen Bereichen besser als konventionell angebautes Obst oder Gemüse.

- Je frischer, desto mehr Lebensenergie und LichtKraft enthält die Pflanze. Selbst wenn es nur ein paar frische Kräuter am Tag sind, die du in deiner Wohnung im Topf züchtest. Sie schenken dir ein Vielfaches an Energie, verglichen mit Pflanzen, die lange im Geschäft lagern.

- Kaufe am besten regional und saisonal ein. Das Land, in dem du lebst, hat zu jeder Jahreszeit genau das zu bieten, was dein Körper wirklich gerade braucht. Wenn dein Körper nach bestimmten Lebensmitteln „ruft", kannst du deinen Speiseplan je nach Bedarf immer noch mit ausländischen Lebensmitteln ergänzen.
- Lass die Fertigprodukte im Supermarkt liegen und koche wieder selbst, und so frisch wie möglich. Es ist etwas mehr Arbeit, die dir dein Körper jedoch so sehr dankt.
- Schau auf die Inhaltsangaben, wenn du einkaufst, und meide in Zukunft Konservierungsmittel, künstliche Süßstoffe und Geschmacksverstärker – am besten jegliche Form von Chemie im Essen.
- Verwende beim Kochen gutes Salz (am besten Steinsalz, denn die Meere sind aktuell einfach zu verschmutzt) und möglichst häufig frische Kräuter und andere Gewürze. Sie verbessern deine Verdauung und unterstützen den Körper beim lichtvollen Funktionieren.
- Beim Kochen und Backen solltest du gute pflanzliche Öle verwenden, keine gehärteten, industriell verarbeiteten Fette (zum Beispiel Margarine). Kokosöl ist eine tolle Alternative, denn es entwickelt beim Erhitzen keine schädlichen Transfette und hat auch einige, kaum erforschte günstige Eigenschaften für die Gesundheit (ich nutze es täglich). Es gibt auch schon spezielle Öl-Kombinationen, die gut erhitzt werden können. Die meisten pflanzlichen Öle sollten nicht erhitzt werden, da sonst schädliche Stoffwechselprodukte (zum Beispiel Transfette) entstehen. Sie sind besser für Salate, Smoothies etc. geeignet.

- Generell sind gute pflanzliche Fette/Öle sehr wichtig für deinen Körper. Allein dein Gehirn verbraucht (neben guten Kohlenhydraten) viel davon, denn es besteht fast nur aus Fett. Auch dein Nervensystem, die Wärmeregulierung und vieles mehr ist auf gute Fette angewiesen.

- Achte auf eine schonende Zubereitung (zum Beispiel dämpfen, kurzgaren etc.) und iss so viele Pflanzen wie möglich als Rohkost. Der Körper ist im Ursprung natürlicherweise auf Rohkost programmiert. Er kann auch nach Jahren oder Jahrzehnten, in denen du hauptsächlich Gekochtes gegessen hast, mit etwas Geduld wieder die entsprechenden Darmbakterien aufbauen. Dazu gibt es wundervolle Bücher, Beratungen und Workshops (die ich auch gerne anbiete).

  Rohkost kann übrigens bis 45 Grad erwärmt werden. Bis zu dieser Temperatur bleiben alle Vitalstoffe lebendig. Und heißer kann man ohnehin nichts essen, weil man sich sonst den Mund verbrennt.

  Seit ich mich zuckerfrei, vegan und zu 80-100% rohköstlich ernähre, habe ich kein Tagestief mehr, bin gesund, hochleistungsfähig, die meiste Zeit voller Lebensfreude und emotional viel stabiler.

- Tierisches Eiweiß aus Fleisch und Milch macht den Körper träge, begünstigt Entzündungen, enthält meistens Hormone, viel Chemie, Krankheitserreger, Eiter etc.

  Es bringt zusätzlich auch die Leidens- und Todesschwingung der Tiere in deinen Körper, die heutzutage selten artgerecht gehalten werden, wie sie es brauchen und verdienen. Überlege dir, ob du nach und nach alles Tierische aus deiner Ernährung loslassen kannst. Es hilft enorm beim Leuchten und Heilen.

- Iss statt eines zuckerhaltigen Desserts lieber ein paar Nüsse und Trockenfrüchte. Die Nüsse sättigen, weil sie viel Eiweiß enthalten (und Eiweiß „schließt den Magen"), und die Trockenfrüchte liefern richtig gute Süße. Eine leckere und gesunde Alternative für Schleckermäulchen ist als Dessert vegane Rohkost-Schokolade.[5]

Weitere Tipps:

- **Getränke**
Als Ergänzung empfiehlt sich, mindestens zwei Liter gutes Wasser täglich zu trinken. Dies hängt natürlich auch von deiner Körpergröße ab. Je größer, desto mehr Wasser ist nötig, um deine Zellen zu entgiften, dein Blut dünn genug und alle Körperprozesse „im Fluss" zu halten. Mindestens einen Liter solltest du ohne jegliche Ergänzung, also ganz pur und mit so wenig Stoffen wie möglich belastet, trinken. Auf diese Weise können sich deine Zellen reinigen, denn sie sind dazu auf möglichst klares Wasser angewiesen.

Generell gilt, dass alle anregenden oder gar aufputschenden Getränke dein System durcheinanderbringen und belasten. Mittlerweile gibt es hervorragende Alternativen, die dich nähren und unterstützen (wie zum Beispiel guter Bio-Getreidekaffee, Pflanzenmilch, Kräutertees, Limonaden ohne Industriezucker etc.).

Wenn du manchmal Schwierigkeiten hast, dein inneres Gleichgewicht zu halten, empfehle ich dir eine Kanne ionisiertes Wasser zu trinken. Dazu kochst du gutes Wasser kurz auf und lässt es dann 15 Minuten leicht sprudelnd köcheln. Schütte es in eine Warmhaltekanne und trinke es so warm

---

5 Rezepte findest du in meinem Blog: www.sonja-ariel.com/blog

wie möglich. Es entgiftet stark, entspannt und macht insgesamt ruhiger.

Direkt vor und während des Essens sollte man nichts trinken, um die Verdauung, vor allem die Magensäure, nicht zu stören. Dies verdünnt die Magensäure, sodass unser Essen nur mit enormem Kraftaufwand seitens des Magens „zerlegt" werden kann. Deshalb sollte auch so lange und intensiv wie möglich gekaut werden, damit der Magen Kraft spart und nicht krank werden muss (Entzündungen, Sodbrennen, Reizmagen etc.).

- **Regelmäßigkeit:**
Nach aktuellem Stand der Wissenschaft ist es ratsam, dreimal am Tag zu immer gleichen Zeiten sättigend zu essen, statt öfter kleine Mengen. Dies unterstützt die Verdauung, weil der Magen nicht ununterbrochen die Nahrung zerlegen muss, und gönnt auch der Bauchspeicheldrüse Pausen, die sonst für jede Kleinigkeit Insulin ausschütten muss.

Vor allem die kleinen Snacks zwischendurch belasten den Verdauungsapparat, weil er sich nicht in Ruhe erholen kann. Er verbraucht sehr viel Energie mit der permanenten Verdauung, die dir für andere Tätigkeiten (zum Beispiel Gehirnleistung) fehlt.

Abends sollte man möglichst bis spätestens drei Stunden vor dem Schlafengehen gegessen haben, denn am Nachmittag wird die Produktion von Verdauungssäften langsam heruntergefahren.

Intervall-Fasten ist eine wundervolle Möglichkeit, zusätzlich für Ruhe im Körper zu sorgen. Die meisten Menschen essen nur aus Gewohnheit früh am Morgen.

Ich trinke meinen Smoothie gegen 11 Uhr, nehme ein Mittagessen gegen 14 Uhr und mein Abendessen gegen 19 Uhr. So hat mein Körper 14-16 Stunden Zeit zu verdauen, zu regenerieren und alles Notwendige zu reparieren.

Eine leichte, warme Mahlzeit am frühen Abend hilft dem kompletten Verdauungsapparat und sorgt für einen guten Schlaf.

Solltest du schon sehr bewusst sein mit deiner Ernährung und deinen Körper und seine Bedürfnisse sehr gut kennen, kannst du irgendwann auch wieder ganz instinktiv essen. Wann, was und wie oft, wird dir dann dein Körper genau vermitteln.

- **Basisch essen und trinken**

   Viele unserer Wohlstandsgenussmittel führen heutzutage im Körper zu einer Übersäuerung. Er wird dadurch anfällig für verschiedenste „Zivilisations"-Krankheiten und neigt unter anderem zu Müdigkeit, Kopfschmerzen (bis Migräne), einem anfälligen Immunsystem, einer niedrigen Schwingung und schlechter Laune.

   Um dem vorzubeugen, kannst du zum Beispiel alle ein bis zwei Tage ein halbes Glas Wasser mit einer Messerspitze Natron trinken, viel frisches Obst und Gemüse essen und die oben genannten „Schädlinge" aus deinem Leben entlassen.

   Mittlerweile gibt es viele Nahrungsergänzungen, mit denen du deinen Mineralstoff- und Vitaminbedarf und auch den Säure-Basen-Haushalt recht gut ausgleichen kannst. Sie ersetzen keinen gesunden Lebenswandel, sind aber eine gute und – je nach Lebenslage – oftmals wichtige Unterstützung.

Dein Körper wird dir die vielen kleinen und großen Veränderungen hin zu mehr Licht in deiner Ernährung mit vielfach erhöhter Vitalität und Gesundheit danken. So macht Leben einfach mehr Spaß.

Traditionelle und neue Möglichkeiten und Methoden, dein Licht auszudehnen

Jede Kultur hat im Laufe ihrer Existenz und der Jahrtausende danach geforscht, wie sie die Kräfte des Körpers und des Geistes verstärken kann. So viel Wissen wurde angesammelt, so viel kostbare Weisheit entstand, die heute noch unsere Welt bereichern.

Im Laufe meiner persönlichen Entwicklung war es eine sehr wichtige Erkenntnis, dass wir das traditionelle Wissen unserer Ahnen verbinden sollten mit dem heutigen Stand der Technik und Wissenschaft. Wobei ich mich eher für die neuen Wissenschaftszweige interessiere, die beständig weiterforschen, statt in alten Glaubenssystemen stecken zu bleiben, wie es zum Beispiel die Schulmedizin aktuell noch tut.

Die neuen Wissenschaften, wie zum Beispiel die Quantenforschung, eröffnen uns neue Erkenntnisse in Bereichen, die jetzt erst dank der weiter entwickelten Technik entstanden sind.

Ich möchte dir ein paar Methoden vorstellen, die mir auf meinem Weg zum LichtMenschen sehr geholfen haben und zum Teil heute noch treue Begleiter sind. Solltest du sie schon kennen, kannst du die einzelnen Abschnitte überspringen. Doch vielleicht findest du trotz deines Wissens noch neue Aspekte und Blickwinkel, die dich bereichern.

Einige der folgenden Abschnitte habe ich schon in meinem Buch „spirituell & ausgebrannt"[6] beschrieben, denn darin habe ich meine wertvollsten Lebenstipps aufgezeichnet, die eine sehr gute Basis für gerade erwachte Menschen bieten. Natür-

6 Smaragd Verlag 2015

lich habe ich sie hier für dich der Neuen Zeit angepasst und überarbeitet.

Der unbeteiligte Beobachter

Viele Glaubenstraditionen dieser Welt kennen die Rolle des „unbeteiligten Beobachters" – im Folgenden nenne ich ihn kurz UB.

Man tritt während einer Lebenssituation innerlich beiseite und beobachtet sie emotional distanziert, wertfrei und entspannt. Dies ist vor allem sehr hilfreich, wenn sich das Bewusstsein mit dem Ego um die Vorherrschaft zankt. Diese Zankereien kosten eine Menge Kraft.

Auch wenn man mit einem anderen Menschen zu streiten beginnt, kann es von Vorteil sein, die Situation einmal zwischendurch aus der UB-Sicht zu betrachten, denn schnell kann aus einem Streit ein Drama werden.

Da gewinnt die Redensart „Ich stehe ganz schön neben mir!" eine sehr positive Bedeutung.

Wer schon einmal ein ausgewachsenes Drama erlebt hat, weiß, dass es viel Schaden im Leben und vor allem in Beziehungen anrichten kann. Um die ewigen Dramen, Zweifel und Stolperfallen zu umgehen, die das Ego parat hat, um das spirituelle Wachstum zu bremsen, kann man den UB nutzen.

Du kannst es ganz einfach testen, indem du dir eine Situation vorstellst, in der du hin- und hergerissen bist in einer Entscheidung. Auf der einen Schulter sitzt das Bewusstsein (der Engel), und auf der anderen das Ego (das verrückte „Teufelchen"). Statt lange mit beiden zu streiten, kannst du Folgendes ausprobieren:

Übung „Selbstbeobachtung"

Stell drei Stühle auf. Zwei stehen sich gegenüber (ca. zwei Meter auseinander), und der dritte ist so aufgestellt, dass man etwas weiter entfernt (ca. drei Meter) auf die beiden anderen schaut, wenn man darauf sitzt.

Setze dich nun auf einen der beiden Stühle, die sich gegenüberstehen. Stell dir vor, dass dies die Position deines Egos ist, und es mit dir über das aktuelle Thema streiten will. Dein bewusstes Ich sitzt dem Ego gegenüber auf dem gerade leeren Stuhl.

Auf dem Stuhl des Egos sitzend, nimmst du dieses so gut wahr, wie du kannst. Am besten stellst du es dir auf eine lustige Weise vor, dann ist es einfacher.

Was sagt das Ego? Was sagt es deinem bewussten Ich? Wie fühlt es sich?

Jetzt wechsele den Stuhl und setze dich auf den Platz des bewussten Ichs. Wie fühlt es sich? Was möchte es dem Ego mitteilen?

Dann setzt du dich auf den dritten Stuhl – in die Rolle des unbeteiligten Beobachters (UB) – und schaust auf die beiden gegenüberstehenden Stühle. Schau dir die Situation ganz in Ruhe an.

Was nimmst du wahr?

Welche Seite hat welche Argumente?

Sind es sinnvolle Ansichten, oder kannst du erkennen, dass eine alte Verletzung oder Erfahrung die Diskussion wie ein Brandbeschleuniger aufheizt?

Falls etwas Altes hochkommt, das sich bislang versteckt hatte, schau es dir genauer an.

Manchmal ist dein Inneres Kind in der alten Glaubensmusterfalle gefangen. Dann kannst du hinübergehen zu dem Stuhl deines bewussten Ichs und dir vorstellen, dass du dein Inneres Kind beruhigst (zum Beispiel es auf den Schoß nimmst, streichelst oder sanft mit ihm sprichst). Sag ihm, dass alles gut ist, und du in Sicherheit bist. Wenn es etwas Bestimmtes braucht, schau, ob du es ihm jetzt geben kannst. Falls es mehr Zeit benötigt, nimm dir jetzt oder später noch einmal in Ruhe den Raum für Heilung.

Vielleicht bist du auch einfach verunsichert, weil du nie gelernt hast, gut für dich zu sorgen. Oder du bist überfordert mit verschiedenen Entscheidungen... Es gibt viele Möglichkeiten, warum der innere Dialog zum Kampf wird.

Schau dir einfach die Situation an. Aus der Position des UB kannst du einfacher erkennen, wenn es ein sinnloser Kampf und pure Energieverschwendung ist.

Du kannst dein Ego aus der Rolle des UB heraus bewusst ansprechen und ihm mitteilen, dass alles gut und der Weg, den du eingeschlagen hast, richtig ist. Erkläre ihm aus dem Herzen heraus mit Gefühl und auch in Bildern, was du vorhast, und warum das so toll ist.

Du kannst es bitten, sich einfach wieder zu entspannen und sich in den Kreis deiner menschlichen Ebenen (Körper, Geist, Verstand, Seele, Intuition) einzuordnen, statt als Diktator das Zepter deines Seins wieder an sich zu reißen. Bitte es friedlich und voller Liebe, dich von nun an zu unterstützen.

Jetzt kannst du eine Weile meditieren, dich gut erden, schöne Musik hören oder etwas anderes tun, was du liebst, bis du *dich wieder wohl fühlst und wieder ganz in deinem Frieden und deiner Mitte bist. Voller Freude und Energie.*

Der UB ist eine Position, die du jederzeit überall, wo du bist, einnehmen kannst, wenn die Situation zu verzwickt wird. Das kann auch in einer hitzigen Debatte mit deinem Chef oder Kollegen sein, oder bei einem Streit mit deinem Partner etc.

Wenn du spürst, dass sich die Meinungsverschiedenheiten hochschaukeln und eskalieren könnten, nimm dich aus der Situation heraus. Falls dies gerade nicht anders machbar ist, kannst du dich entschuldigen und zur Toilette gehen. Dort kannst du tief durchatmen, dir aus der Position des UB anschauen, was gerade geschieht, und dann neu entscheiden.

Mir persönlich hilft das sehr. Ich merke seitdem viel schneller, wo ich verletzt reagiere oder verletzend werde, und kann gelassener reagieren. Ich spüre kurz in mein Herz, atme tief, stelle mich in Gedanken neben mich und blicke von außen auf die Situation. Dadurch erkenne ich, was gerade schief läuft. Wenn ich im Drama bin, steige ich sofort aus, denn im Drama bin ich wütend, ungerecht und kann wirklich gemein werden, um mich zu verteidigen – was meistens völlig unnötig ist.

Aus der Position des UB schalte ich innerlich wieder auf Frieden und Liebe um und gehe zurück in die Situation mit dem Wunsch, eine gute und für alle Seiten zufriedenstellende Lösung zu finden.

Dann kann ich zum Beispiel sagen: „Ich habe gerade das Gefühl, dass wir uns unnötig hochschaukeln. Können wir bitte in Frieden unsere Meinungen darlegen und schauen, wie wir einen Kompromiss finden?", oder „Ich habe das Gefühl, dass wir aneinander vorbeireden. Lass uns bitte nochmal in Ruhe schauen, was unsere Positionen sind."

Es ist Übungssache, doch es lohnt sich. Du sparst eine Menge Energie, die du sinnvoller verwenden kannst.

Körperliebe

Dieser Abschnitt ist sehr wichtig, denn ohne Körper gibt es keinen Menschen, der das hier liest, der atmet, lacht und das Leben genießen kann.

Auch ein LichtMensch hat weiterhin einen Körper, denn nur mit ihm zusammen kann deine Seele auf der Erde agieren und ihre kostbaren Erfahrungen sammeln.

Darum braucht dieses großartige Gebilde, in dem deine Seele jetzt gerade und hoffentlich noch lange wohnt, ganz viel Achtsamkeit, Liebe und Respekt. In welcher Phase deiner Entwicklung du auch immer bist, und selbst wenn du dich rundum glücklich fühlst:

Dein Körper steht immer an erster Stelle, wenn es um Kraft, Klarheit, Entscheidungen, Heilung und alles andere geht. Dein Geist und Bewusstsein können sich noch so viel wünschen, manifestieren und Visionen haben – ohne deinen Körper kannst du dies jetzt alles nicht umsetzen.

Kurze Zwischenbemerkung:

Ich unterscheide zwischen Geist (Englisch Mind) und Bewusstsein (Englisch *Spirit*). Das erste ist verwoben mit dem menschlichen Verstand und gekoppelt an den Körper, das zweite ist verbunden mit der Seele und der Ur-Quelle. Beides ist wichtig in deinem menschlichen Jetzt und kann sich gemeinsam am besten entwickeln.

Dein Körper ist keine Maschine, auch wenn er genial konstruiert ist und sehr viel leisten kann. Er setzt sich aus vielen Millionen Zellen zusammen, die wiederum alle kleine, selbständige Kraftwerke sind, ausgestattet mit einer eigenen Intelligenz. Dein Körper ist der Tempel deines Geistes, deines Bewusstseins und der Ankerpunkt deiner ewigen, unsterblichen und unendlich großen Seele. Sie hat sich für das „Abenteuer Leben" diesen Körper gewählt, um darin all die Erfahrungen zu machen, die es in einer Welt der Dualität gibt. Ohne das „Fahrzeug" oder den „Raumanzug", wie manche es nennen, kann deine Seele sich nicht in der Materie fühlen, hören, schmecken, riechen etc.

Ohne Körper gibt es kein Leben für dich auf der Erde. Du wolltest leben, deshalb hast du diesen speziellen, einzigartigen Zusammenschluss von Abermillionen Zellen gewählt, weil genau dieses Gefährt dir die Möglichkeit gibt, einzigartige Erfahrungen zu machen.

Meine Philosophie, die mir und vielen anderen schon das Leben erst gerettet und dann enorm verbessert hat:

Du hast von Anfang an die volle Selbstverantwortung für dein Leben gehabt und wirst sie bis zum Ende haben. Daraus folgt:

Deine Seele hatte vor deiner Zeugung – als sie noch pure Energie war und eins mit allem – Lust, auf die Erde zu kommen und hier im Spiel des Lebens bestimmte Erfahrungen zu machen.

Dazu brauchte sie natürlich entsprechende Voraussetzungen. Bevor du gezeugt wurdest, hat sich deine Seele ausgesucht, ob sie Mann oder Frau sein will, groß oder klein, blond oder brünett oder rothaarig und vieles mehr. Du hast dir auch ausgesucht, in welcher Familie du geboren werden möchtest, denn die Familie hat dir viele Glaubensmuster, Ideale, Überzeugungen und auch ein paar genetische Vorgaben mit auf den Weg gegeben.

All dies nennt man Prägung. Sie ist wichtig, damit du in genau **diesem** Körper genau **diese** Erfahrungen machen kannst, die hinter dir und vor dir liegen.

Wenn du dir also diesen Körper selbst ausgesucht hast, sollte es selbstverständlich sein, dass du ihn liebst und gut für ihn sorgst. Zwar bist du mehr als nur diese Gestalt mit Muskeln, Knochen, Sehnen und Organen, doch ohne all das gäbe es dich als Mensch eben nicht. Je liebevoller und achtsamer du mit dir auf allen Ebenen bist, desto gesünder bist du, und desto entspannter und schöner ist dein Leben.

Besonders Menschen, die sehr spirituell sind, vergessen ihren Körper und seine innere und äußere Pflege manchmal. Dadurch entstehen etliche unangenehme Herausforderungen, unter anderem Krankheit, Burnout, Depression etc.

Solltest du auf deinem Lebensweg in Sackgassen geraten, wird dir dein Körper immer sehr schnell zeigen, dass es Zeit für eine Veränderung ist. Meistens fängt es mit einer harmlosen Äußerung an: leichte Erkältung, Stolpern, Kloß im Hals etc. Doch wenn du die Intelligenz deiner Zellen und deines Überbewusstseins, das mit deiner Seele kommuniziert, ignorierst, werden die Signale immer deutlicher und leider auch unangenehmer.

Deshalb ist hier eine einfache, gute und wichtige Möglichkeit, deinen Körper gut kennenzulernen, zu fühlen und zu interpretieren:

Prüfe mindestens 1x am Tag deinen körperlichen IST-Zustand

Um ein gutes und ehrliches Gefühl für deinen Körper zu bekommen, solltest du immer mal wieder in dich hineinspüren, wie sich dein Körper gerade anfühlt.

Hier ist eine kleine Checkliste, damit du eine Idee davon bekommst, was wichtig ist:

- Atme ich flach und gehetzt, oder tief und gleichmäßig?
- Ist mein Körper angespannt oder entspannt?
- Fühle ich mich gestresst, oder bin ich in meiner Wohlfühl-Mitte?
- Schmerzt ein Körperteil (fühle von oben nach unten in deinen ganzen Körper)?
- Braucht eine Stelle an oder in meinem Körper gerade besondere Aufmerksamkeit?

Je nachdem, wie deine Antworten ausfallen, solltest du dir unbedingt die Zeit nehmen, die Reaktionen deines Körpers auf dein Leben als Signale zu nutzen. Wenn du angespannt bist, mach eine Pause und entspanne dich mit einer Meditation (am einfachsten ist eine schöne, geführte Meditation), einem Spaziergang oder süßem Nichtstun. Atme ganz tief und verbinde dich mit der Erde.

Wenn ein Körperteil schmerzt, schenke ihm ganz viel Liebe. Du kannst deine Hände auflegen und dir vorstellen, wie pure Liebe und LichtKraft durch deine Hände in diese Zellen fließen und deine Selbstheilungskräfte aktivieren. Dazu gibt es im Kapitel „Übungen und Meditationen" ein paar hilfreiche Tipps.

Diese „Überprüfung" deines aktuellen Zustands kannst du regelmäßig morgens oder abends machen. Wenn du dein Licht wahrhaftig als LichtMensch leuchten lassen möchtest, sollte sie ein wichtiger Teil deines Morgen- und Abendrituals sein.

Irgendwann wird sie zur Routine und verhilft dir dazu, immer in Kontakt mit deinem wertvollen Körper zu sein. Dein Bewusstsein kann zwar vieles im Körper bewirken, doch die Intelligenz der einzelnen Zellen macht mehr, als du dir jemals vorstellen kannst, von ganz allein. Bleib in Kontakt mit diesen Abermillionen Zellen und ermögliche dir dadurch Gesundheit und Wohlbefinden.

Die Chakren – mehr als nur Energiespender

Das gut erforschte und komplexe Energiesystem unseres menschlichen Körpers haben schon vor Jahrtausenden die alten Lehren der Veden und der Traditionellen Chinesischen Medizin (TCM) genutzt, wobei vor allem die Energiezentren (Chakren) eine wichtige Rolle spielen. Diese sind mittlerweile quantenphysikalisch nachweisbar und werden mit Krankheitszuständen im Körper in Verbindung gebracht. Der Begriff „Chakra" hat sich auch in der modernen, ganzheitlichen Medizin etabliert, um den Anwendern auf einfache Weise zu erklären, wie sie ihre Gesundheit verbessern und stabilisieren können.

Die Qualität und Funktionalität der Chakren entscheidet, wo und wieviel Energie im Körper verteilt wird. Doch sind sie weit mehr als nur Quellen wichtiger Lebensenergie.

Die Chakren haben jeweils auch eine mentale, emotionale und spirituelle Komponente und beeinflussen damit unsere Erfahrungswelt und unser Wohlbefinden. Sie entwickeln sich bereits im Fötus und verstärkt in der frühen Kindheit (1. bis 7. Lebensjahr), entwickeln sich aber auch im Erwachsenenalter weiter. Alles, was wir vor allem bis zum 7. Lebensjahr erfahren, gehört und gesehen haben, bleibt als energetisches Schwingungsmuster bzw. Mental- und Emotionalprogramm in den entsprechenden Chakren gespeichert und ist damit für unsere Persönlichkeitsbildung verantwortlich.

Die bekannten Hauptchakren sind entlang der Wirbelsäule angeordnet. Jedes Chakra ist spezifischen Lebensbereichen zugeordnet. Defizite in den jeweiligen Lebensbereichen machen sich als Energiedefizit in dem entsprechenden Chakra bemerkbar. Dementsprechend sollte auf beiden Ebenen gearbeitet werden, um langfristig die Chakren von energetischen Blockaden zu befreien, so dass sie als Energiespender dienen können. Wichtig ist, ihnen durch Übungen Energie zuführen und die entsprechenden Lebensthemen zu bearbeiteten, um weitere Energieverluste zu vermeiden.

Jedes Chakra hat dabei seinen ganz bestimmten Zuständigkeitsbereich.

Die LichtKraft-Energie verstärkt die Aktivität der Chakren sehr gut. Du kannst sie in deinen Meditationen bewusst durch alle Energiefelder lenken und diese dadurch reinigen und aktivieren. Speziell dafür habe ich eine Übung erhalten – siehe Kapitel „Übungen und Meditationen".

Die Funktion der einzelnen Chakren

Das **Wurzelchakra** (Rot) ist für das Urvertrauen, die Sicherheit, die Erdung, die Stressresistenz und den materiellen Bereich zuständig und versorgt uns mit einer starken Lebenskraft. Auch Körperbewusstsein, Bewegung und Ernährung sind essentiell für die Entwicklung dieses Chakras.

Erfahrungsgemäß haben besonders spirituelle Menschen große Defizite in Bezug auf materielle Lebensthemen und flüchten sich in die Spiritualität. Erst durch ein starkes Wurzelchakra und eine gute Verbindung zur Erde können spirituelle Erkenntnisse wirklich erfolgreich manifestiert werden.

Das **Sakralchakra** (Orange) ist für den Bereich der Emotionen, der Sinnlichkeit, Sexualität, Lebensfreude, des Selbstwertgefühls und der Selbstachtung zuständig. Außerdem ist es der Sitz unserer Lebensenergie, wodurch sich Blockaden in den genannten Lebensbereichen, insbesondere auch Traumata und Ängste, enorm auf die Qualität dieses Chakras auswirken. Deshalb ist es wichtig, sich der Welt der Sinne und Emotionen zu öffnen, um das Leben in seiner Ganzheit genießen zu können.

Der **Solarplexus** (Gelb) ist das Zentrum unserer persönlichen Macht. Er beeinflusst unsere ICH-Stärke, Selbstvertrauen, Anerkennung, Selbstverantwortung, Schöpfermacht, aber auch die Verarbeitung von Stress, Gefühlen und Lebenserfahrungen.

Im Bereich des **Herzchakras** (Grün und Rosa) geht es um das Thema der Beziehungen, Liebe, Mitgefühl, ausgeglichenes Geben und Nehmen, Dankbarkeit, Harmonie. Gerade für Licht-Menschen ist dieses Chakra der Ausgangspunkt für den Kontakt zur Seele, zum Universum und der göttlichen Ur-Quelle. Die

Übung „Herzatmung" (siehe Kapitel „Übungen und Meditationen") hilft dabei, das Herzchakra zu reinigen und aktiv pulsieren zu lassen.

Das **Halschakra** (Hellblau) beeinflusst den Bereich der Kommunikation und des Selbstausdrucks, der Kreativität, Inspiration, des inneren Friedens sowie der mentalen Stärke. Für LichtMenschen ist es in diesem Bereich nährend, Wege zu finden, die eigenen Bedürfnisse, Gefühle und Gedanken klar und gleichzeitig respektvoll auszudrücken – entweder über direkte Kommunikation oder über kreative Tätigkeiten wie Schreiben oder Malen.

Das **Stirnchakra** (Indigoblau) ist für unsere intellektuellen und intuitiven Fähigkeiten sowie Fantasie, Vorstellungskraft, Vision, Erkenntnis und Wahrnehmung zuständig. Durch Erkenntnis können ungesunde Lebensgewohnheiten erkannt und verändert werden. Über dieses Chakra ist es möglich, den Kontakt zur inneren Stimme, unserer Intuition, (wieder) zu finden und zu verstärken. Ein guter Weg dabei ist, beide Gehirnhälften wieder miteinander zu verbinden, damit sowohl der ordnende, klare Intellekt und die Welt der Intuition und Gefühle einander unterstützen können. Die Übung „Gehirnatmung" hilft dabei, dieses Chakra stark zu machen (siehe Kapitel „Übungen und Meditationen").

Das **Kronenchakra** (Violett) verbindet uns mit der Geistigen Welt, dem Gottbewusstsein und unserer Spiritualität. Die Lebensthemen Sinn, Glaube und Vertrauen in das Ganze spielen hier eine wichtige Rolle. Es unterstützt dich dabei, den Sinn hinter deinen Lebenserfahrungen zu erkennen und hilft dir auf dem Weg in deine Zukunft.

Das Kronenchakra ist sozusagen deine „Standleitung" zum All-Eins-Sein und auch zum Morphogenetischen Feld (auch Akasha-Chronik genannt), in dem alle wichtigen Informationen enthalten sind. Dieses Feld ist überall um uns herum, ausgedehnt in der ganzen Schöpfung. Als LichtMensch ist es dir möglich, immer selbstverständlicher auf diese allumfassenden Informationen zuzugreifen und sie sinnvoll einzusetzen.

Ich persönlich fühle beim Channeln die stärksten Aktivitäten in den beiden obersten Hauptchakren.

Über diese Hauptchakren hinaus gibt es noch weitere Energiezentren. Dieses sind einerseits verteilt im Körper, andererseits befinden sie sich auch über und unter dem Körper. In den Übungen im Kapitel „„Übungen und Meditationen" gehe ich jeweils näher darauf ein.

Lösung von Blockaden und Energetisierung

Zur Lösung von Blockaden in den Chakren gibt es verschiedene Methoden, die in diversen Büchern veröffentlicht sind. Die Chakra-Arbeit ist sehr umfangreich, sodass ich dir an dieser Stelle nur einige der einfachsten und effektivsten Methoden vorstellen werde.

Besonders wirksam haben sich vor allem geführte Meditationen und Übungen erwiesen, da sie über die Tiefenentspannung den Verstand zur Ruhe bringen und dadurch tief im Unterbewusstsein wirken. Dadurch können Blockaden auf der Quantenebene gelöst und durch neue fördernde Mental- und Gefühlsmuster ersetzt werden, die neues Erleben und Handeln möglich machen. Durch diese Reisen in die Innenwelt werden durch Visualisierung innere Bilder erzeugt, die entsprechende

Zustände und Emotionen auslösen, alte Muster transformieren und Heilprozesse in Gang setzen.

Eine sehr wirkungsvolle Lösung von Blockaden ist die Chakra-Kontraktion, eine körperliche Übung, die du jeden Morgen und jeden Abend im Bett durchführen kannst. Sie ist sehr wirkungsvoll und regt den Energiefluss in den Chakren stark, aber auf sanfte Weise an.

Wurzel-/Sakralchakra

Ziehe nach dem Ausatmen den Beckenboden fest zusammen und in Richtung nach oben, so, als ob du deinen Stuhlgang verhindern möchtest. Gleichzeitig ziehe deinen Nabel nach innen in Richtung Wirbelsäule. Halte diese Spannung für einige Sekunden so fest du kannst, halte dabei den Atem an, und lass dann los und entspanne. Atme einige Sekunden sanft weiter und wiederhole diese Übung noch zwei Mal. Anschließend spüre in dich hinein, wie sich eine wohlige Wärme ausbreitet, und genieße diesen Zustand für einige Minuten.

Solarplexus-/Herzchakra

Atme langsam aus und ziehe dein Zwerchfell nach oben ein, sodass es sich in Richtung Brustraum anhebt. Dabei werden die oberen Verdauungsorgane sanft Richtung Wirbelsäule gedrückt. Halte diese Spannung für einige Sekunden, atme und lass dann langsam los. Atme weiter und entspanne für einige Sekunden. Dann wiederhole dies noch zwei Mal. Anschließend verweile mit deiner Aufmerksamkeit einige Minuten an diesem Ort und spüre in dich hinein, wie sich ein sanftes Vibrieren, Wärme oder Hitzegefühl und ein Gefühl der Zufriedenheit ausbreiten.

Halschakra

Ziehe deine Schultern mit dem Einatmen nach oben in Richtung Kopf und gleichzeitig den Kopf mit dem Kinn in Richtung Schultern, sodass der Hals immer kürzer wird. Auf diese Weise wird das Genick zusammengezogen. Halte diese Anspannung für einige Sekunden, lass los und entspanne, während du sanft und entspannt weiteratmest. Wiederhole das Ganze noch zwei Mal und spüre anschließend noch einige Minuten in dich hinein. Möglicherweise spürst du eine angenehme Wärme, oder sogar eine sanfte Hitze, oder ein Glühen im Genick.

Wichtig!

Am Anfang sind drei Wiederholungen völlig ausreichend, mit zunehmender Praxis kann die Anzahl der Kontraktionen gesteigert werden. Hin und wieder können auch unangenehme Gefühle auftreten. Das ist vollkommen normal und auch erwünscht, denn es bedeutet, dass sich unangenehme, verdrängte Gefühle lösen und sich das Energie-Schwingungsmuster verändert. Also unbedingt weitermachen!

Eine weitere Möglichkeit ist die LichtKraft-Chakra-Meditation (siehe Kapitel „Übungen und Meditationen").

Deine Erdung – Die natürliche Verbindung zu Mutter Erde

Für spirituell aktive Menschen ist es meistens ein Leichtes, die oberen Chakren und die ganze Aufmerksamkeit „nach oben" auszurichten. Der Fokus liegt oft darin, noch länger und tiefer zu meditieren, sich mit der Schöpferquelle zu verbinden und Botschaften der Seele oder von anderen „himmlischen Mächten" zu empfangen. Das alles ist wundervoll und besonders für LichtMenschen eine wichtige Ergänzung zum Alltagsleben auf der Erde.

Leider fehlt besonders den aktiven Spirituellen meistens die „Bodenhaftung". In vielen spirituellen Gruppierungen wird die Seele über den Geist und den Körper gestellt, was die Menschen oft missverstehen und sich beidem gegenüber verschließen. Der Körper wird manchmal sogar als „notwendiges Übel" betrachtet, während der Mensch im Inneren so traumatisiert und verletzt ist, dass er oder sie unbedingt „nach Hause" entfliehen möchte. Wo auch immer dieses Zuhause wahrgenommen wird, es ist selten die Erde, auf der sie sich wohlfühlen.

Falls du zu dieser Gruppe von Menschen gehörst, möchte ich dir aus eigener Erfahrung Folgendes dringend ans Herz legen:

Entscheide dich JETZT, wo du in diesem Augenblick wirklich leben möchtest. Dieses Leben ist einzigartig und ein Geschenk, das du dir selbst gemacht hast. Du wolltest HIER auf der Erde leben. Also entscheide dich jetzt noch einmal ganz bewusst, das Leben von nun an in seiner vollen Bandbreite zu genießen und das Allerbeste daraus zu machen. Gib dem Leben und dir selbst ein 100%iges JA! Denn nur dann kannst du deine ganze Schöpferkraft dafür einsetzen, gesund, erfüllt und glücklich im Hier und Jetzt zu sein.

Wenn du nur mit einer Zehenspitze den Boden berührst, während der Rest deines Seins im Nirgendwo zwischen Himmel und Erde gefangen ist, wirst du deine kostbaren Möglichkeiten kaum nutzen können. Je klarer, konsequenter und radikaler du dich für dein Leben entscheidest, desto besser.

Selbst Menschen, die ihren Körper und ihr Leben mögen, geraten manchmal im Stress des Alltags aus ihrer Mitte, sind mit ihren Gedanken überall, aber nicht im Körper, und hasten eilig von einem Ort zum anderen.

Hier ist eine wundervolle kurze Übung, um dich entspannt mit der Erde zu verbinden:

Gut erden

Stell dich aufrecht hin (im Sitzen oder Liegen ist es anfangs noch nicht so leicht, geht später aber auch). Lass die Arme entspannt hängen, die Füße stehen schulterbreit auseinander und fest auf dem Boden.

Jetzt fühle deinen gesamten Körper von oben bis unten, indem du deine Aufmerksamkeit langsam vom Kopf abwärts jedem Körperteil widmest. Verstärkend wirkt, wenn du dich bei jedem Körperteil bedankst und deine Wertschätzung für alle Zellen fühlst.

Wenn du an deinen Füßen angekommen bist, stell dir vor, wie dicke Wurzeln aus deinen Fußsohlen in die Erde wachsen. Sie wachsen hinab bis zum Herz der Erde. Dort ist eine wundervolle, riesengroße Goldader, ein Symbol für Fülle und Reichtum von Mutter Erde. Wickle nun die Enden deiner Wurzeln um diese Goldader und verankere dich fest dort unten. Nun kann dich nichts mehr im Leben umwerfen!

Stell dir nun vor, dass du beim Einatmen die reiche, nährende und liebevolle Energie der Erde in deinen Körper saugst und beim Ausatmen durch alle Adern in deinem Körper verteilst. Sie fließt durch deine Wurzeln in alle Zellen und schenkt ihnen Kraft, Frieden und alles, was sie brauchen, um gesund und lebendig zu sein.

Wenn du genug Erdenergie aufgenommen hast, danke deinem wundervollen Heimatplaneten dafür, dass er dich jeden Tag nährt und trägt. Dann recke und strecke dich, bewege sanft deine Arme und Beine und spüre die Kraft und Heilung, die du nun erhalten hast.

Diese Übung kannst du am besten am Morgen oder in der Mittagspause machen. Sie wird dir enorm viel Stabilität, Energie und inneren Frieden schenken. Viel Spaß!

☆ ☆

Trainingsmöglichkeiten für deine Intuition und deine Sinne

- Du kannst in der Stille der Meditation mit deinem Höchsten Selbst, deinem Schutzengel oder der göttlichen Quelle sprechen. Solltest du noch keine Antworten bekommen, die du entschlüsseln kannst, übe bitte weiter. Auch dieser Zugang wird dir in Zukunft immer leichter fallen, bis er schließlich völlig selbstverständlich ist.
- Ein guter sozialer Austausch ist auch für LichtMenschen wichtig. Wenn du gar nicht weiter weißt, finde Inspirationen in Gesprächen mit liebevollen und bewussten Mitmenschen, die mit dir auf einer Wellenlänge sind.
- Supervision ist immer gut, wenn auch die besten Freunde oder Familienmitglieder dir nicht weiterhelfen können. Es gibt viele wundervolle, ganzheitliche BeraterInnen, die dich dabei unterstützen können, aus deinen Sackgassen herauszukommen. Jeder LichtMensch sollte ab und zu diese Möglichkeit nutzen. Ich mache das auch und liebe es, dadurch meine blinden Flecken zu erhellen.

- Du kannst Karten aus deinen Lieblingsdecks ziehen, die dir positive Impulse schenken.
- Tritt wieder ein in den Kreislauf der Natur. Atme so viel frische Luft wie möglich und beachte die Zyklen der Erde, die Jahreszeiten mit ihren Temperaturen und die verschiedenen Möglichkeiten, die sich darin bieten. Gehe in Kontakt mit Mutter Erde und verbinde dich so intensiv, wie es dir möglich ist – durch Körperkontakt (mit Pflanzen, Tieren, den Elementen), und durch geistigen Kontakt/Meditation. Betrachte die Pflanzen und Tiere, gehe geistig in Kontakt und lausche innerlich darauf, was du empfängst. Oft stehen wunderschöne Botschaften für dich bereit, die dich auf deinem Weg vorwärtsbringen und dir helfen, mutig zu leuchten.
- Lebe dort, wo es dir guttut und du dich geborgen fühlst. Jeder Mensch hat ein ideales Umfeld, in dem er/sie sich wirklich wohlfühlt. Du hast die Freiheit, dort zu sein, wo es dir am besten geht. Nutze diese Freiheit und erschaffe dir deinen idealen Lebensraum.
- Komm aus dem angepassten Funktionieren in den Modus des wahren, befreiten und glücklichen Lebens zurück. Du bist keine Maschine, die man einfach programmiert und die wie ein Sklave dient. Du hast das Recht, frei und bewusst zu bestimmen, was du tust, und was nicht. Finde heraus aus der Opferhaltung – hinein in deine wahre Macht!

Dich auf deinem Weg sinnvoll und bewusst zu verändern ist so vielfältig, dass hier noch viel mehr Empfehlungen stehen könnten. Es gibt so viele ganzheitliche Methoden, Techniken und Möglichkeiten. Höre auf dein Herz und deine Intuition. Sie wissen, was dir guttut und dir am besten dient.

Ich habe Workshops entwickelt, um die LichtKraft sinnvoll zu nutzen und zu genießen. Diese verfeinere ich jedes Mal, denn ich erhalte ständig neue Impulse, wie ich die LichtKraft verwenden kann. Diese gebe ich natürlich in jedem Workshop direkt weiter.[7]

In meiner neuen „LichtMenschen-Akademie" werde ich dann noch intensiver zur Verfügung stehen, um Menschen auf ihrem persönlichen Weg in ihr eigenes Leuchten zu begleiten.

Ein LichtMensch kennt den Weg.
Weil sich dieser deutlich und klar
vor den eigenen Füßen befindet.
Er führt in ein friedliches, entspanntes
Sein und Miteinander zum Wohle allen Seins.

---

7 Die Termine findest du unter www.sonja-ariel.com/events.

Übungen und Meditationen mit der LichtKraft

Einleitung

Alle Übungen und Meditationen, die ich dir in diesem Kapitel beschreibe, solltest du ganz in Ruhe machen. Genieße dich und diese besonderen Auszeiten. In der immer noch herrschenden Hektik des Alltags verlieren wir uns oft selbst aus den Augen. Dann ist es besonders wichtig und heilsam, sich Inseln aus Zeit, Licht und Energie zu schenken.

Ein LichtMensch lernt, dass es keine Ausreden gibt
für diese kostbare Zeit des Fühlens und der Stille.
Denn nur so kann das innere Licht wirklich leuchten.

Ich erkläre erst die einzelnen Übungen ausführlich, damit du die einzelnen Schritte besser nachvollziehen kannst. Im Anschluss schreibe ich sie dann auch in Kurzform, damit du sie später auch einfacher üben kannst, ohne jedes Mal den langen, ausführlichen Text lesen zu müssen.

Wenn du Erfahrungen mit verschiedenen Techniken und Methoden der Selbstversenkung hast, weißt du am besten, wie du dich mit Körper und Geist zur Ruhe bringen kannst.

Solltest du damit Schwierigkeiten haben oder gerade erst damit anfangen, sind hier meine Lieblingstipps zur Vorbereitung und Ausführung der Übungen und Meditationen für dich:

1. Sorge für Stille um dich herum. Am besten bist du allein in einem Raum, dessen Tür du schließen kannst. Wenn du mit anderen Menschen in einer Wohnung oder einem Haus wohnst, erkläre ihnen, dass du dich zurückziehst und Ruhe brauchst. Das Handy bleibt am besten draußen, oder wird so lange ausgemacht. Das gilt auch für andere Geräuschquellen.

2. Mache es dir richtig bequem. Je besser du dich entspannen kannst, desto leichter fällt dir die Vertiefung in deine inneren Welten. Ob sitzend, liegend oder stehend – was auch immer dir guttut, ist richtig. Dir sollte auch immer warm genug sein.

3. Atme ein paar Mal langsam entspannt ein und aus. Ganz tief in deinen Bauch hinein, sodass sich Bauch und Brustkorb wirklich heben und senken. Verfolge den Atem mit geschlossenen Augen durch deinen Körper. Allein das sorgt schon für mehr Frieden in dir.

4. Erwarte nichts, sondern lass dich einfach überraschen, was mit deinem Körper passiert und was dein Geist dir für Bilder zeigt.

5. Wenn die Meditation oder Übung vorüber ist, erlaube dir, noch eine Weile nachzuspüren und deinen Körper und Geist zu fühlen. Solltest du wichtige Erkenntnisse erlangen, notiere sie dir. Das Aufschreiben deiner Gedanken ist eine wichtige Manifestation, die dir hilft, Ordnung in dir zu schaffen, und die dein Bewusstsein stärkt.

6. Natürlich ist jede Übung und Meditation nur so kraftvoll, wie du es ihr/dir erlaubst. Wenn du spürst, dass dir etwas guttut, mache es öfter. Wiederholungen sind kostbar und wichtig, denn nur so lernen wir nachhaltig. Irgendwann wird das Neue und Gute selbstverständlich, und du kannst fühlen, dass sich dein Leben verändert, weil du ihm eine neue Richtung gegeben hast.

Du kannst die nachfolgenden fünf Übungen nacheinander machen. Sie bauen quasi aufeinander auf und schenken dir nach etwas Trainingszeit sehr viel Kraft und Klarheit für dein Leben. Ich baue sie jeden Tag in meine Meditationen mit ein.

Es hat sich als erstaunlich wirkungsvoll erwiesen, während der Übungen oder zwischendurch zu summen oder zum Beispiel das Aum/OM oder ein Mantra zu singen. Klang ist für uns LichtMenschen ein wichtiges Lebenswerkzeug, denn unser Sein besteht aus Schwingung!

Natürlich kannst du dir auch die aktuell passende Übung aussuchen, die dich am besten unterstützt.

Irgendwann werden diese einfachen, sehr wirkungsvollen Methoden ganz selbstverständlich. Dann brauchst du nur daran zu denken, und schon fühlst du das Licht in dir stärker leuchten.

Noch ein wichtiger Tipp:

Um noch entspannter in eine Übung zu starten, kannst du dir in deinem Raum eine Lichtsäule vorstellen, die aus dem Himmel durch deinen Raum strömt, durch den Boden des Hauses, durch die Erde und wieder hinaus ins Universum.

Diese Lichtsäule steht dir als ein Energie-Staubsauger zur Verfügung, der alle alten Energien, die du während der Übungen loslässt, mit sich trägt und somit deine Räume energetisch sauber hält. Das hat sich als überaus wirksam erwiesen und hilft auch jederzeit, wenn zwischen Menschen Spannungen auftreten.

Du kannst die Lichtsäule übrigens fest bei dir zu Hause und überall dort „installieren", wo du dir energetisch saubere Räume wünschst (Schule, Arbeit, unterwegs im Bus etc.).

Und jetzt starten wir mit den wundervollen LichtKraft-Übungen, die ich empfangen habe und selbst regelmäßig und voller Freude nutze.

Von der LichtKraft reinigen lassen

Je feinfühliger und mitfühlender du bist, desto mehr sammelst du die Energien anderer Menschen und auch von Orten in deiner Aura (deinem dich umgebenden Energiefeld, das größer wird, je mehr du dir deiner selbst bewusst wirst). Wenn die Aura gesättigt ist mit Fremdenergie, klebt diese irgendwann auf deiner Haut. Das kann dich müde, träge und schwer machen.

Die Emotionen anderer Menschen können sich über die Monate und Jahre dann auch in deinem Geist und Körper ansammeln, wenn du dich nicht regelmäßig reinigst.

Zusätzlich kleben in deiner Aura auch deine eigenen alten Emotionen und negative Erinnerungen, die du bislang nicht loslassen konntest. All dies ist wie ein dunkler, dichter Nebel um dich herum und in dir, der dein Licht verhüllt. Dies kann zu körperlichen und geistigen Symptomen wie Depressionen, diversen leichten bis schweren Krankheiten und anderen Phänomenen führen.

Ich persönlich reinige mich mittlerweile täglich, meistens morgens in meiner Meditation. Abends mache ich es ebenfalls kurz, wenn ich mit vielen Menschen zusammen war. Ich betrachte es als ebenso wichtig und natürlich wie die Reinigung mit Wasser und Seife. Es ist wirklich herrlich und sehr befreiend!

Start

Stell dir vor, dass die goldgelbe LichtKraft-Energie wie aus einer große Dusche über deinen Körper strömt und alles abwäscht, was sich im Laufe deines Lebens und auch in den vergangenen Tagen an alten, selbstzerstörerischen Emotionen und negativen Erinnerungen in deiner Aura und auf deinem Körper gesammelt hat. Auch Fremdenergien, die du unbewusst eingesammelt hast, werden nun fortgespült.

Du kannst die an dir klebenden Energien am besten abwaschen lassen, wenn du sie dir in einer bestimmten Farbe vorstellst, die von der LichtKraft fortgespült wird.

Alles Fremde wird von der LichtKraft zurück zur Ur-Quelle gebracht, wo alles wieder in freie, reine Energie verwandelt wird. Du kannst auch die oben beschriebene Lichtsäule dazu nutzen.

Spüre deinen Körper und den Raum, der dich umgibt. Stell dir so deutlich wie möglich vor, wie alles um dich herum immer heller und leichter wird.

Gehe mit deiner Aufmerksamkeit von Kopf bis Fuß und prüfe, was sich verändert.

Sollte sich auf deiner Haut oder an bestimmten Körperstellen besonders viel Fremdenergie angesammelt haben, kannst du auch mit deinen Händen darüber streichen und sie abstreifen. Dann schüttelst du die Hände achtsam in die Lichtsäule aus, damit die Energie wirklich verschwinden kann. Du musst übrigens gar nicht wissen, woher sie kommt – Hauptsache, sie verschwindet.

Atme dabei tief und entspannt ein und aus, bis du dich sauber fühlst. Je öfter du diese Übung machst, desto schneller wird sich das Gefühl einstellen.

Nun bist du von außen gereinigt. Jetzt kommt die innere Reinigung an die Reihe:

Stell dir dafür vor, dass du die goldgelbe LichtKraft-Energie achtsam einatmest. Vielleicht hat sie für dich einen besonderen Geschmack oder einen Geruch. Fühle, wie sie durch deinen Körper strömt.

Winzige Lichtpartikel, die nun wie kleine Schlüssel durch alle Adern strömen und alle Zellen erreichen. Sie schließen sie auf und ermöglichen deinen Zellen jetzt, sich komplett und wirkungsvoll zu reinigen. Sowohl von alten Giftstoffen als auch von belastenden Emotionen und Erinnerungen, die darin kleben.

Stell dir vor, wie diese alte, klebrige Energie nun wie ein dunkler Nebel aus den Zellen strömt, von der LichtKraft umhüllt und sorgsam abtransportiert wird.

Du kannst den Prozess unterstützen, indem du all das Alte bewusst in die Lichtsäule ausatmest und zurück zur Ur-Quelle sendest.

Mache diese Einstiegsübung am besten jedes Mal, bevor du die nächsten Übungen angehst.

Kurze Zusammenfassung

- Die LichtKraft-Dusche wäscht alle dunklen Energien aus deiner Aura und von deinem Körper ab.
- Atme tief ein und lass beim Ausatmen bewusst los.
- Spüre deine Aura und deine Haut, wie sie sich reinigen.
- Streiche mit deinen Händen über deinen Körper, sammle fest sitzende Energien und schüttele sie in die Lichtsäule.

- Dann atme die LichtKraft in deinen Körper hinein.
- Sie löst die dunklen Energie aus allen Winkeln und Zellen.
- Der dunkle Nebel verlässt deinen Körper beim Ausatmen.
- Spüre die Frische und Leichtigkeit!

LichtKraft-Herzatmung und Seelenverschmelzung

Das Herz ist der Motor unseres Körpers, denn es pumpt das lebenswichtige Blut mit allen Nährstoffen durch den Körper, das gleichzeitig auch die Giftstoffe entsorgt, so gut es geht.

Parallel dazu ist unser Herz auch unsere Verbindung zu allem Leben auf der Erde, zur Erde selbst und zum Universum. Über das Herz und seine Pulsschwingung, die es fortwährend erzeugt, sind wir eins mit allem, was existiert.

Das HeartMath-Institute, USA, hat festgestellt, dass das magnetische Feld des Herzens ca. 5.000 mal stärker ist als das unseres Gehirns. Je mehr seit Jahren das magnetische Feld der Erde abnimmt, umso stärker wird das magnetische Feld in uns.

Deshalb ist es so wichtig, dass unser Herz als Muskel kraftvoll und entspannt schlagen kann, UND dass unser energetischer Herzraum, das Herzchakra, sauber ist. Dieses Chakra ist der Sitz der bedingungslosen und auch heilsamen Liebe, der puren Lebensenergie, unserer Gesundheit, unseres Mitgefühls und der gesamten Gefühle. Es sollte frei pulsieren können, damit wir glücklich und gesund leben können.

Die Herzatmung habe ich als Übung nach einigen Wochen gechannelt, als ich begann, mit der LichtKraft zu experimentieren. Seitdem ist sie – neben der oben beschriebenen Reinigung – ein fester Bestandteil meiner Meditation und entwickelt sich stetig weiter. Sie wirkt sich sowohl auf den Herzmuskel als auch auf das Chakra enorm stärkend aus.

Nach einer kurzen Testphase mit der Herzatmung kam ein wichtiger Aspekt hinzu: Unser Herzmuskel hat nicht nur vier Herzkammern (zwei zum Ansaugen des Blutes, zwei zum Weiterleiten), sondern auch die fünfte, die quasi im sogenannten Sinusknoten sitzt. Dieser ist schon vergleichsweise winzig (nur wenige Millimeter groß) und sitzt an der hinteren Innenwand des Herzens. Er ist extrem wichtig für uns, weil er den Takt des Herzens vorgibt. Gerät der Sinusknoten aus dem Takt, stolpert das Herz, was äußerst ungesund ist und fatal enden kann.

Wird der Sinusknoten bei einer Herz-OP versehentlich berührt, kann der Patient sterben.

Zudem ist es im Inneren des Sinusknotens ungewöhnlich heiß: Statt der üblichen 37 Grad Celsius werden dort 100 Grad gemessen! Bemerkenswert und bislang nicht erklärbar.

Dies sind aktuell die Fakten der Wissenschaft.

Auf ganzheitlichen und spirituellen Forschungen begründet ist, dass man die 5. Herzkammer auch als „Sitz der Seele" bezeichnet (ähnlich wie in anderen Traditionen die Thymusdrüse), in der sich das „göttliche Atom" befindet. Was vielleicht die ungewöhnlich hohe Temperatur erklärt, die uns nicht von innen heraus verbrennt, sondern die offensichtlich einen Sinn und guten Grund hat.

Deshalb schenken wir diesem faszinierenden Teil des Herzens in dieser Übung auch eine besondere Aufmerksamkeit, was sich zugleich als sehr heilsam auf unsere Verbindung zu unserer Seele auswirkt, mit der wir dann viel leichter verschmelzen können.

In dieser Herzatmung liegt ein weiterer Schwerpunkt auf der Thymusdrüse. Oben habe ich schon beschrieben, warum sie so wichtig für uns LichtMenschen ist. In dieser Übung wird sie aktiviert und kann nach und nach immer mehr ihre wahre Kraft entfalten, was einen enorm starken Effekt auf unser Leben hat. Auch der Thymusdrüse sagen die alten Gelehrten nach, dass dort die Seele manifestiert sei.

Mein Gefühl – nach jahrelangen Recherchen und Tests mit mir und anderen Menschen – ist, dass die meisten Menschen die Quelle ihrer Seele im Herzchakra spüren.

Was im Übrigen ebenfalls ein wichtiger Aspekt eines Licht-Menschen ist: die tiefe und ständig fühlbare Existenz unserer Seele IN unserem Körper und um uns herum, und damit auch die Verbindung zu unserem göttlichen Kern.

Somit ist diese Herzatmung auf vielen Ebenen sehr stärkend und bewusstseinsfördernd.

„Das ganze Universum ist im Körper enthalten, der ganze Körper im Herzen. So ist das Herz der Kern des ganzen Universums."

(Ramana Maharshi)

Start

Nachdem du dich von der LichtKraft gründlich hast reinigen lassen, atmest du sie nun von vorne durch dein Herz ein, und zwar über die Thymusdrüse (ca. 3-4 Finger breit unterhalb deiner Kehle). Lass sie deinen Herzraum und Brustkorb komplett fluten und dich durchlichten.

Während du ein paarmal entspannt atmest und die Energie fühlst, klopfst du langsam und achtsam mit 3-4 Fingerkuppen auf deine Thymusdrüse. Dadurch aktivierst du sie zusätzlich.

Finde dein Tempo und die passende Intensität. Sie reagiert anfangs schon auf leichtes Klopfen. Später kannst du die Intensität auch erhöhen, wenn du willst.

Wenn du deinen Herzraum zusätzlich zum Schwingen bringen möchtest, kannst du summen. Es werden sich die passende Lautstärke und die Tonlage des Klangs finden, die jetzt genau richtig sind für dich.

Die LichtKraft reinigt nun deine Thymusdrüse, deinen Herzmuskel, dein Chakra, und sammelt alle dunklen Energien auf.

Diese atmest du dann ganz achtsam durch den Sinusknoten am hinteren Rücken aus. Auch dieser wird dadurch gereinigt.

Spüre nach, was für Gedanken und Gefühle hochkommen und lass sie mit der Ausatmung einfach los.

Alles, was wichtig für dich ist, wird sich nach der Meditation ohnehin wieder zeigen. Wenn es wichtig ist, kannst du es im Anschluss auch aufschreiben und damit arbeiten.

Während du jetzt achtsam und tief weiteratmest, stellst du dir vor, dass du dich ganz bewusst deiner Seelenenergie öffnest und mit ihr verschmilzt. Dadurch kannst du dich als Mensch und göttliches Lichtwesen noch viel intensiver fühlen.

Wie auch immer du dir deine Seele vorstellst, lass es geschehen. Vielleicht bekommst du mit der Zeit ein Gefühl für die Form, Farbe, Konsistenz deiner Seelenenergie. Je deutlicher du sie fühlen kannst, desto intensiver spürst du die zusätzliche Kraft, die dir diese Verschmelzung schenkt.

Diese einfache, sehr wirkungsvolle Atemübung kannst du ein paar Minuten machen, bis du spürst, dass dein Herzraum wieder leuchtet.

Kurze Zusammenfassung

- LichtKraft von vorne über die Thymusdrüse in dein Herzchakra atmen.
- Sie reinigt alles im Herzraum und sammelt die dunklen Energien ein.
- Diese atmest du nach hinten durch den Sinusknoten wieder aus, der damit auch gereinigt wird.
- Spüre bewusst die Verschmelzung mit deiner Seele.
- Fühle die Leichtigkeit und zusätzliche Energie deiner Seele.

LichtKraft-Gehirnatmung

Es klingt seltsam, durch das Gehirn zu atmen. Letztlich ist es einfach ein bewusster Prozess, Energie an einen bestimmten Ort zu lenken. Für mich ist es, wie bei der Herzatmung, ein sehr reinigender, belebender und befreiender Effekt.

Unser Gehirn hat so viel mehr Kapazität, als wir derzeit noch vermuten. Zwar ist es nicht der Kontrolleur unseres Lebens – das ist erwiesenermaßen das Herz, doch es lenkt wahrhaftig die meisten Körperprozesse in Abstimmung mit Herz und Seele.

Durch unnatürliche, künstliche Ernährung, Luftverschmutzung, Parasiten, Dauerberieselung durch die Medien, permanente Nutzung von kleinen und großen Computern und vielen andere Ursachen ist ein regelrechter „Nebel" aus Giften, biochemischen Stoffen und manipulativen Gedanken in unserem Hirn unterwegs. Das ist sogar wissenschaftlich nachweisbar.

Im Gehirn befinden sich sehr wichtige Steuerungsdrüsen, die Hormondrüsen. Unter anderem die Zirbeldrüse (siehe Kapitel „Dein neuer Körper"), der Thalamus, der Hypothalamus und die Hypophyse.

Sie alle schütten lebenswichtige Botenstoffe aus, die unser Körper dringend braucht. Durch die Verunreinigung des Gehirns, unter anderem mit Schwermetallen, Umwelt- und Nahrungsgiften, können sie in ihrer Funktion gestört werden, was massive Auswirkungen haben kann.

Nachstehend einige der Auswirkungen des Gehirnnebels:

- Konzentrationsstörung
- Vergesslichkeit

- Verwirrtheit
- Mangelnder Fokus
- Müdigkeit
- Stimmungsschwankungen
- Kopfschmerzen
- Antriebslosigkeit
- Orientierungslosigkeit uvm.

Mir haben meine vegane, zuckerfreie Rohkost, ein paar andere ganzheitliche Methoden und natürliche Stoffe enorm geholfen, mein Gehirn klar zu machen und mich viel besser konzentrieren zu können. Du kannst im Internet viele Artikel zum „Brain Fog" bzw. Gehirnnebel finden, mit vielen ganzheitlichen Empfehlungen, die ich hier im Buch auf die eine oder andere Weise ohnehin erwähnt habe. Unter anderem unterstützt das Trinken von Zitronensaft am Morgen auf nüchternen Magen dabei, sowie der mittlerweile „berühmte" Selleriesaft nach Anthony William[8], den man direkt danach trinken kann. Beide gemeinsam räumen die angesammelten Gifte, Viren, Bakterien und Parasiten aus dem Körper, die ihn hindern, gut zu funktionieren. Ich mache dies immer wieder zwischendurch und spüre die heilsame und reinigende Wirkung enorm.

Die LichtKraft-Übung „Gehirnatmung" hat bei mir den Reinigungsprozess energetisch wundervoll und sehr effizient unterstützt.

Als ich diese Übung bekam, ging es hauptsächlich darum, das Stirnchakra als Eingangspunkt der LichtKraft zu nutzen und als Ausgangspunkt die Zirbelddrüse.

---

8 Anthony William: „Selleriesaft: Der ultimative Superfood-Drink für deine Gesundheit" (Arkana Verlag)

Wie im Kapitel „Dein neuer Körper und dein neues Bewusstsein" beschrieben, sitzt auf unserer Stirn das Stirnchakra, das „Dritte Auge", das für die bewusste Kommunikation mit der göttlichen Quelle, unsere Menschlichkeit und unsere Spiritualität steht.

Mit dieser Übung werden alle Bereiche im Gehirn durchgespült und aktiviert, soweit es deine Entwicklung erlaubt, damit du nicht überfordert bist. Parallel dazu werden auch die beiden Gehirnhälften intensiv miteinander verbunden, was zu einer Vielzahl von wundervollen Effekten in deinem Leben führt. Wenn sich Verstand, Intuition und Gefühle wieder miteinander verbinden, wird Leben so viel intensiver, freier und klarer.

Als Bonuseffekt trainiert die Gehirnatmung die Augenmuskeln, sodass diese besser scharfstellen können!

Start

Stell dir vor, dass du beim Einatmen die LichtKraft-Energie durch dein Stirnchakra, das Dritte Auge, einatmest. Die meisten Menschen spüren es zwischen den Augenbrauen oder etwas darüber.

Du kannst dir vorstellen, dass sich dort ein kleines Tor öffnet, durch das die LichtKraft hineinströmen kann.

Sie breitet sich in deinem Kopf aus, strömt durch all die wundervollen Nervenbahnen und macht es tatsächlich hell in deinem Gehirn. Die Areale, die schon lange nicht mehr oder gar nie benutzt wurden, werden sanft berührt und geweckt. Wenn es sein darf, werden sie erwachen. Alles hat seine Zeit, und die LichtKraft wird dich nicht überfordern.

Stell dir vor, wie der dumpfe Nebel in deinem Gehirn von der LichtKraft eingesammelt wird.

Beim Ausatmen kannst du ihn durch deinen Hinterkopf hinausfließen lassen. Dabei durchspült er alle Hormondrüsen im Gehirn, vor allem die Zirbeldrüse. Du kannst alles in die Lichtsäule strömen lassen, damit es auch wirklich fort ist.

Wenn sich hartnäckige Gedanken zeigen, kannst du sie kurz wahrnehmen und aus dir herausfließen lassen, falls du sie endlich loslassen möchtest.

Spüre, wie dein Kopf mit jedem Atemzug freier und klarer wird. Sei einfach ganz ruhig und konzentriere dich auf deine Atmung und das Licht in deinem Kopf.

Nun bewege die eingeatmete LichtKraft in Form einer liegenden Acht durch dein Gehirn. Von einer Seite zur anderen, und zurück. Die Acht überschneidet sich im Zwischenraum der Hälften, über der sogenannten Brücke.

Verfolge mit deinen geschlossenen Augen diese Bewegung der liegenden Acht, als würdest du in deinen Kopf von oben oder innen hineinschauen. Erst in die eine Richtung, und dann wechselst du in die andere Richtung.

Es ist sehr angenehm, dabei auch den Kopf ganz leicht zu bewegen, denn das entspannt auch die Hals- und Nackenmuskeln.

Wenn du ein Bewegungsmensch bist, kannst du deinen ganzen Körper sanft und achtsam dieser Bewegung folgen lassen.

Sollte sich nun ein Klang in dir formen, kannst du leise summen und fühlen, was sich dadurch in deinem Gehirn formt und zeigt.

Genieße die Klarheit in deinem Kopf.

Spüre die Befreiung.

Kurze Zusammenfassung

- *Atme die LichtKraft durch deine Stirn in deinen Kopf.*
- *Lass sie den Nebel einsammeln und lass diesen beim Ausatmen aus dem Hinterkopf herausströmen.*
- *Reinige damit dein Gehirn.*
- *Dann bewege die LichtKraft in Form einer liegenden Acht durch beide Gehirnhälften.*
- *Erst in die eine, dann in die andere Richtung.*
- *Folge der Bewegung mit deinen geschlossenen Augen.*
- *Spüre die Befreiung und Klarheit.*

Sobald du etwas Übung in der Gehirnatmung hast, kannst du sie jederzeit überall machen, wenn du klar denken und innerlich zur Ruhe kommen willst. Sie ist auch großartig für Prüfungszeit und Krisen.

Deine Chakren/Energiezentren im Körper aufladen

Diese Übung flutet deinen gesamten Körper gezielt mit LichtKraft und stärkt die Hauptzentren deiner Körperenergie, damit diese wieder in ihrer natürlichen, gesunden Schwingung vibrieren können.

Sie hilft dir zudem, deinen kostbaren Körper intensiv zu fühlen und deinen Zellen Dankbarkeit für ihre treuen Dienste zu senden. Allein das ist schon für die meisten Menschen evolutionär und heilsam.

Als Unterstützung kannst du jeweils eine oder beide Hände auf die jeweiligen Chakren legen, um sie besser zu spüren. Wenn du dir die Beschreibungen der jeweiligen Chakren vorher durchliest, fällt es dir auch leichter, die jeweiligen Kräfte darin mit Hilfe der LichtKraft zu aktivieren. Ein sanftes Summen erhöht ebenfalls die Schwingung der Energiezentren.

Diese Übung ist anfangs im Sitzen auf einem Stuhl einfacher als im Schneidersitz oder im Liegen.

Start

Spüre deinen Körper von oben (Kopf) nach unten (Füße). Ganz langsam und in Ruhe. Atme dabei LichtKraft bewusst ein und lenke sie achtsam in den entsprechenden Teil deines Körpers und dort in alle Zellen. Lass dir so viel Zeit wie möglich dafür.

Wenn du an deinen Füßen angekommen bist und dein ganzer Körper nun hell leuchtet, stell dir vor, dass Lichtwurzeln aus deinem Körper in die Erde wachsen.

Wunderschöne, leuchtende Wurzeln wachsen tiefer und tiefer. Sie verstärken und verbreitern sich, wie bei einem großen Baum.

Lass sie mitten ins Herz der Erde wachsen. Dort wartet das „Erdenherz-Chakra"[9] auf dich, mit dem du dich nun verbinden kannst. Verankere dich dort im Mittelpunkt der Erde. Dieses Energiezentrum im Herzen deines Heimatplaneten dient dir mit seiner großen Kraft, Liebe und der Schwingung aller irdischen Aspekte für mehr Sicherheit, Geborgenheit, Gesundheit, Freude und Stabilität im Leben. All diese energetischen Geschenke von Mutter Erde kannst du nun durch deine Lichtwurzeln nach oben in deinen Körper lenken, indem du sie bewusst einatmest und einsaugst.

Fühle, wie sie durch deinen Körper strömen. Deine Zellen werden jetzt mit allem versorgt, was sie brauchen, um optimal funktionieren zu können. Du erfährst das Gefühl von Geborgenheit und mütterlicher Liebe, die aus der Erde in dich hineinfließt. Weich und warm. Nimm sie an und genieße sie. Kuschel dich ein in diese urweibliche Kraft. Du kannst sie als Verstärkung in sattem, tiefen Gold visualisieren, das durch alle Adern und Zellen fließt.

Nun gehe mit deiner Aufmerksamkeit in dein Wurzelchakra, das am unteren Ende deiner Wirbelsäule sitzt. Stell dir ein tiefrotes Rad vor, das sich langsam und stetig dreht. Atme LichtKraft hinein und spüre, was sich verändert. Sende so lange LichtKraft dorthin, bis es sich satt, beweglich und stark anfühlt. Währenddessen kannst du dir auch ein schönes Mohnfeld in voller Blüte vorstellen, eine wundervolle rote Rose oder etwas anderes Rotes, das dir gefällt.

---

9 Siehe Buch „Das Erdenherz-Chakra"

Als Nächstes gehe mit deiner Aufmerksamkeit etwas höher, in den Bereich deines Nabels. Dort ist der Sitz deines Nabelchakras, das orangefarben leuchtet. Auch dieses Chakra dreht sich wie ein Rad. Lass auch dort die Lichtkraft bewusst hineinfließen und spüre, was sich dadurch verändert. Währenddessen kannst du dir einen Orangenhain mit reifen, leuchtenden Früchten vorstellen und auch in Gedanken eine Orange in die Hand nehmen, daran riechen, sie öffnen und ihren köstlichen Saft und ihr süßes Fruchtfleisch genießen.

Sobald sich dieses Chakra aufgefüllt hat, gehe mit deiner Aufmerksamkeit wieder etwas höher in den Bereich unterhalb deines Rippenbogens, in die Höhe des Magens. Dort ist der Sitz des gelben Solarplexus. Lass auch dort die LichtKraft einfließen und beobachte, wie sich dieses Energiezentrum verändert und bewegt, wenn es mehr Aufmerksamkeit und Kraft bekommt. Währenddessen kannst du dir leuchtend gelbe Sonnenblumen, reife Zitronen oder andere gelbe Pflanzen vorstellen, die du liebst. Berühre sie in Gedanken und atme ihren frischen Duft tief ein. Genieße das frische, klare Vibrieren des Chakras.

Gehe nun mit deiner Aufmerksamkeit zu deinem Brustkorb, dem Sitz deines Herzchakras. Es hat als Einziges zwei Farben: Rosa und Grün. Während du auch dort die LichtKraft wirken lässt und dich intensiv hineinfühlst, kannst du dir rosafarbene Blumen auf einer Wiese vorstellen, sie streicheln und an ihnen schnuppern. Du kannst dich währenddessen auch mit der göttlichen, bedingungslosen Liebe verbinden, die überall um dich herum ist. Genieße das herrliche Gefühl der Liebe und Verbundenheit.

Etwas weiter oben, inmitten deines Halses, ist das himmelblaue Halschakra. Fühle, wie es sich dreht und die Energie sich mit der LichtKraft verbindet, die du dorthin lenkst.

Während sich dieses Chakra auffüllt, kannst du dir einen weiten, klaren Sommerhimmel vorstellen, oder einen hellblauen Edelstein. Tauche ein in das helle, strahlende Blau und genieße das Aufladen des Chakras.

Nun führst du die LichtKraft zu deiner Stirn, deinem „Dritten Auge". Nähre auch dieses Energiezentrum und stell dir währenddessen das weite, tiefblaue Meer vor oder den Himmel, der gerade vom Tag zur Nacht übergeht. Betrachte die Tiefe, die Spiegelungen des Wassers oder der Sterne in diesem samtigen, schönen Blau, während dein Chakra aufgefüllt wird.

Das höchstgelegene Hauptchakra befindet sich direkt über dem höchsten Punkt deines Kopfes. Es ist noch mit dir verbunden und verbindet dich gleichzeitig mit dem Göttlichen in dir und um dich herum. Es leuchtet in Violett und wird nun von der LichtKraft gestärkt.

Währenddessen kannst du dir eine wunderschöne Höhle voller violetter Amethystkristalle vorstellen und in deren Energie baden.

Ist auch dieses Chakra voll aufgeladen, kannst du dir nun vorstellen, wie aus deinem Körper ein weißer Kanal in den Himmel aufsteigt und sich in die Unendlichkeit ausdehnt. Er verbreitert sich und verbindet dich noch intensiver mit der gesamten Erde, der Ur-Sonne, dem ganzen Kosmos und der gesamten Schöpfung.

Nimm die männliche Energie unseres Heimatsterns Sonne als zweite Grundkraft des Seins wahr – als Ergänzung zur weiblichen Kraft der Erde.

Nimm die göttliche Energie des reinen Bewusstseins als dritte Grundkraft des Seins wahr, das alles durchdringt.

Lass nun all diese Energie als helles, strahlendes Licht durch den weißen Kanal in dich hineinfließen. Es verbindet sich mit allen Chakren und auch mit der goldenen Energie der Erde.
Die heilige Dreieinigkeit schwingt jetzt leuchtend in dir.
Nun bist du aufgeladen und eins mit Allem-was-ist.

Kurze Zusammenfassung

- Spüre deinen Körper von Kopf bis Fuß.
- Lass deine Lichtwurzeln in die Erde wachsen, bis zum Mittelpunkt, dem Erdenherz-Chakra.
- Verankere dich dort und nimm die goldene Energie in dich auf.
- Tanke dein Wurzelchakra auf.
- Tanke dein Nabelchakra auf.
- Tanke dein Solarplexuschakra auf.
- Tanke dein Herzchakra auf.
- Tanke dein Halschakra auf.
- Tanke dein Drittes Auge auf.
- Tanke dein Kronenchakra auf.
- Lass einen weißen Lichtkanal in den Himmel wachsen und verbinde dich mit Allem-was-ist.
- Lass die ur-männliche Energie und das reine Bewusstsein als Ergänzung zur weiblichen Kraft der Erde in dich hineinströmen.
- Fühle dich vollkommen und verbunden.

Dein Licht groß machen und ausdehnen

Es gibt Zeiten, da verlieren sich selbst die stärksten und lichtvollsten Menschen in den Wirren des Alltags. Ohne es zu bemerken, schrumpft dann das innere Licht zusammen. Das ist ganz normal, und man kann lernen, es zu spüren. Je mehr du lernst zu leuchten, desto schneller fällt dir auch auf, wenn dein Licht wieder kleiner geworden ist.

Aus diesem Grund habe ich es mir angewöhnt, jeden Morgen mein Licht ganz groß zu machen.

Es macht sehr viel Spaß und sorgt dafür, dass ich optimal in den neuen Tag starte. Es ist für mich der vierte Schritt in meiner Morgenmeditation. Sollte ich im Laufe des Tages dann merken, dass ich wieder etwas von meinem Leuchten verloren habe, brauche ich nur kurz daran zu denken, und schon dehnt sich mein Strahlen wieder hell und klar aus.

Start

Spüre deinen kostbaren, entspannten Körper mit allen Sinnen. Dann finde in dir deinen inneren Seelenfunken, der die Basis für dein wahres Leuchten ist.

Fühle, wo er sich bei dir gerade befindet, wo die Quelle deines Lichts ist.

Beobachte es eine Weile und fühle hinein, warum es genau die Größe hat, die es jetzt hat.

Dann vergrößere und verstärke dein Licht, indem du die LichtKraft-Energie einatmest und mit deinem Licht verbindest. Spüre, wie deine innere Quelle genährt wird und du richtig satt gemacht wirst mit Energie.

Dehne achtsam dein Licht in deinem ganzen Körper aus, bis es sich richtig gut anfühlt, so zu leuchten.

Dann lass das Licht durch deine Haut in deine Aura fließen, während du weiter die LichtKraft einatmest. Der Raum um dich herum wird geflutet mit himmlischer Helligkeit.

Beobachte und genieße es.

Wenn sich auch das richtig gut anfühlt, dehne dein Licht noch weiter aus. Über das ganze Haus hinweg, in den Ort, in dem du lebst, über die Stadt, das Land, die ganze Welt. So, wie es für dich passt.

Dein Licht erhellt die Erde, das Universum. Allein mit dieser Ausdehnung deines kostbaren Lichts trägst du dazu bei, dass sich alles neu fügen kann und das Neue Zeitalter entsteht.

Du kannst nun noch weitere Energien in dich aufnehmen und dann wieder in deine Umgebung ausstrahlen, zum Beispiel Liebe, Harmonie, Frieden und Freude. Das nährt dich und das neue Licht-Netzwerk, das wir gerade gemeinsam erschaffen, mit positiver Energie.

Fühle dich durch dein Licht verbunden mit der göttlichen Quelle und dem gesamten Kosmos um dich herum. Spüre, wie du als Dank mit noch mehr Energie, Liebe und Wertschätzung gefüllt wirst.

Dies ist der natürliche Kreislauf der Energie.

Im Kleinen, wie im Großen! Du BIST das Licht auf Erden!

Ich wünschte, ich könnte dich jetzt umarmen und sende dir einfach in Gedanken ganz viel Liebe. Danke, dass du leuchtest.

Kurze Zusammenfassung

- *Spüre deinen Körper und darin deinen Seelenfunken.*
- *Atme LichtKraft hinein und spüre, wie sich dein Licht dadurch vergrößert.*
- *Während du sie weiter einatmest, dehnst du dein Licht so weit aus, wie es dir Freude macht.*
- *Füge deinem Licht noch weitere positive Energien hinzu, die du aufnimmst und aussendest, wenn du willst.*
- *Fühle dich verbunden mit dem Kosmos und der göttlichen Ur-Quelle. Genieße dein leuchtendes Sein!*

Dein Seelen-Diamant: Entfalte deine wahre Macht und dein göttliches Potenzial

Der Seelen-Diamant eines Menschen ist für mich das Symbol der reinsten, klarsten Energie, die sich im Körper manifestiert. Es ist die Kraft des Ursprungs – deines gesamten Potenzials.

Diese Bild eines Diamanten ist so wundervoll, um zu verdeutlichen, wie das Leben auf der Erde funktioniert:

Wir werden geboren als kleiner Rohdiamant, der versteckt im Muttergestein darauf wartet, gefunden zu werden. Je älter wir werden, desto mehr vom umhüllenden Gestein bröckelt ab. Jedes Ereignis unserer Kindheit und Jugend löst etwas mehr auf, bis schließlich der noch ziemlich unscheinbare Rohdiamant erscheint – meistens im frühen Erwachsenenalter, wenn wir selbstständig werden.

Danach liegt es an uns, ob wir beginnen, den Diamanten zu schleifen. Jede Selbsterkenntnis bringt uns näher zu uns selbst und lässt eine neue Facette entstehen, sodass der wahre Glanz zum Vorschein kommt. Schließlich besteht unsere Entwicklung darin, immer mehr Facetten freizulegen, bis wir schließlich im Licht der Schöpfung funkeln und strahlen.

Zusätzlich ist der Seelen-Diamant ein Symbol für deine natürliche Schöpferkraft und deine wahre Macht, die du als Mensch auf Erden mitgebracht hast. Du kannst jeden Tag neu entscheiden, ob du ein Opfer der Umstände bist oder ein sich selbst bewusster, klarer und starker LichtMensch.

Macht ist, was du daraus machst, ob du sie lichtvoll oder aus dem Ego heraus verwendest. Sie ist eine neutrale Kraft in jedem Menschen. Du gibst ihr die Richtung vor. Du kannst sie natürlich ungenutzt lassen, dann bist du ein Opfer der anderen, die ihre Macht nutzen. Oder du nutzt sie weise, bewusst und achtsam für das Wahre, Gute und Schöne in der Welt.

Deine Entscheidungen formen dein Leben. Je bewusster du dich entscheidest und je klarer du deine Macht fühlst und nutzt, desto leichter und freier kannst du leben.

Diese Meditation hilft dir dabei, deinen eigenen Seelen-Diamanten zu fühlen und zum Leuchten zu bringen. Mit jedem Mal ein bisschen mehr.

Start

Bereite dich gut vor und entspanne dich.

Spüre dich von Kopf bis Fuß.

Atme bewusst die LichtKraft ein. Lass sie durch deinen gesamten Körper strömen und alle aktuelle dunkle Energie innen und außen sammeln und fortspülen.

Dehne die LichtKraft von innen nach außen aus, bis weit in deine Aura hinein. So entsteht eine natürliche Schutzkugel aus Licht, Liebe, Frieden und Ruhe, die dir auch viel Klarheit schenkt.

Wenn du dich erfrischt und klar fühlst, lenke deine Aufmerksamkeit auf die Quelle deiner Seele in dir, dorthin, wo deine unsterbliche, unendlich große Seele im Körper verankert ist.

Wo spürst du sie jetzt am stärksten?

Nähre die Quelle eine Weile mit der LichtKraft, bis darin dein Seelen-Diamant sichtbar wird.

Betrachte ihn von allen Seiten.

Was fühlst du beim Betrachten?

Dies ist deine Essenz, die du selbst bisher geformt hast. Sie zeigt das Potenzial, das du bisher in deinem Leben freigesetzt hast.

Welche Facetten nimmst du wahr?

Womit verbindest du sie?

Möchtest du deinen Seelen-Diamanten verändern?

Möchte eine neue Facette poliert werden?

Wenn ja, was für eine Bedeutung hat sie für dich?

Nimm jetzt deine wahre göttliche Schöpferkraft, deine kostbare UrsprungsMACHT wahr.

Sie war immer in dir und möchte ebenfalls ganz bewusst und am besten in voller Bandbreite genutzt werden. Sie schwingt in deinem Seelen-Diamanten, denn er ist ja die Essenz deines Menschseins.

Betrachte den Diamanten.

Findest du in ihm deine Schöpferkraft? Deine Macht?

Was willst du jetzt mit deiner Macht machen?

Fühle die Macht als Energie in dir pulsieren. Gib ihr eine Struktur, eine Farbe, eine Form. Wie es dir gefällt, oder wie es sich zeigt.

Lass die Energie durch deinen Körper strömen, bis alle deine Zellen leuchten. Dann lass sie über dich hinausquellen, in deine Aura hinein. Dehne sie so weit aus, wie du möchtest. Damit signalisierst du dir selbst und der Welt, dass du endlich deine wahre Kraft annimmst und lebst.

Nimm jetzt zum Abschluss wieder deinen Seelen-Diamanten wahr und nähre ihn in allen Facetten deines Selbst mit LichtKraft. Er darf leuchten und funkeln! DU darfst leuchten und funkeln.

Erlaube es dir, und genieße es.

Kurze Zusammenfassung

- *Spüre dich von Kopf bis Fuß.*
- *Atme bewusst die LichtKraft ein, verteile sie und lass dich reinigen.*
- *Dehne sie über deinen Körper aus wie eine Schutzkugel.*
- *Fühle deinen Seelen-Diamanten und betrachte ihn.*
- *Was will sich jetzt zeigen, während du ihn anschaust?*
- *Spüre deine Schöpferkraft und Macht.*
- *Was willst du jetzt damit tun?*
- *Spüre deine Macht, erfülle alle Zellen damit und lass sie dann aus dir heraus in deine Aura – in die ganze Welt – strömen.*
- *Erlaube dir, deine Macht zu nutzen.*
- *Genieße das kraftvolle Gefühl.*

Der LichtKraft-Heilverband

Solltest du in deinem Körper einen Schmerz oder ein Krankheitssymptom spüren, kannst du die LichtKraft nutzen, um ganz viel Energie in diesen Bereich zu lenken.

Krankheit entsteht entweder durch einen fehlenden Energiestrom an dieser Stelle – wenn zum Beispiel die Energiebahnen unterbrochen sind oder es dir allgemein an Energie fehlt –, oder durch eine „Verstopfung" der Energiebahnen. Die Ursache können geballte negative Gedanken, Angst oder Zweifel sein, die sich an einem Ort bündeln, der mit diesen Gedanken und Gefühlen in Verbindung steht. Deshalb spricht man von Psychosomatik. Wird die Psyche nicht gereinigt, ballen sich negative Energien an dem Ort, der mit den Ängsten, Sorgen und Zweifeln in Verbindung steht. Hast du zum Beispiel Angst, vorwärtszugehen und dich weiter zu entwickeln, ballt sich die Energie im Bereich der Füße und Beine. Sprichst du deine Gefühle nicht aus, blockieren diese irgendwann den Hals und die Bronchien. Schluckst du alle Gefühle herunter, statt sie angemessen herauszulassen, streikt dein Verdauungssystem etc. Viele Heiler und Autoren haben schon tolle Bücher dazu geschrieben. Wenn es dich interessiert, recherchiere.

Nun zum LichtKraft-Heilverband.
Er hilft deshalb so gut, weil du

1. mehr Energie an der betreffenden Stelle bekommst und
2. auf die Signale und Gefühle achten kannst, die sich dort zusammenballen. Diese kannst du dann nutzen, um dich mit der Thematik zu beschäftigen und sie aufzulösen.

Die Technik

Entspanne dich, wie oben beschrieben, und nimm dir genug Zeit. Es geht ja um dein Wohlbefinden. Mit etwas Übung geht es dann später schneller.

Atme die LichtKraft ein und lenke sie an die Stelle, die schmerzt. Du kannst, falls erreichbar, auch eine oder beide Hände auf diese Stelle legen.

Lass die LichtKraft diese Stelle bitte zuerst reinigen und atme die dunkle Energie in die Lichtsäule, damit sie fort ist.

Dann wickle langsam die LichtKraft wie einen breiten Verband aus Liebe und Energie um die Stelle herum. Je intensiver der Schmerz, desto mehr von deinem Körper kannst du umwickeln.

Ich habe mich in der Zeit meines Erwachens, als ich noch am ganzen Körper Schmerzen hatte, wie eine Mumie eingewickelt. Damals wusste ich noch nichts von der LichtKraft, die jetzt noch viel stärker wirkt, doch selbst damals hat es mir großartige Erleichterung verschafft.

Halte dein Bewusstsein so lange, wie du möchtest, an diesem Ort. Du wirst vielleicht Gedanken wahrnehmen, alte Emotionen in Verbindung mit Menschen und Ereignissen – sei offen für das, was sich zeigen will. Es wird dir wundervolle Impulse und Ideen schenken, mit denen du deine Heilung voranbringen kannst.

Lass den Verband an der Stelle und erneuere ihn, so oft du es brauchst.

Besser schlafen

Solltest du einmal überladen, völlig ausgelaugt und/oder gestresst zu Bett gehen, kannst du dich vor dem Einschlafen in die LichtKraft „wickeln" und zusätzlich deine Zirbeldrüse mit der Gehirnatmung aktivieren. Dadurch produzierst du mehr Melatonin und kannst tiefer und erholsamer schlafen.

Wenn du ganz sanft die Thymusdrüse beklopfst, um tiefen, erholsamen Schlaf bittest und leise brummst, kommt deine Lebensenergie langsam zur Ruhe.

Unterstützend kannst du auch deine Finger „strömen". Diese Technik, genannt Jin Shin Jyutsu, ist eine alte japanische „Harmonisierungskunst", in der durch die Hände die Energieströme bewusst gelenkt werden.

Du hältst nacheinander mit allen Fingern der einen Hand jeweils einen Finger der anderen Hand mindestens eine Minute sanft umschlossen. In jedem Finger endet und beginnt ein Meridian/eine Energiebahn deines Körpers. Somit erreichst du, ähnlich wie bei der Fuß-Reflexzonen-Massage, jeden Bereich des Körpers und kannst seine Zellen mit Energie aktivieren bzw. Frieden und Ruhe hineinlenken.

Während du jeden Finger hältst, atmest du bewusst und tief ein und aus und lenkst die LichtKraft hinein. Sende liebevolle Gedanken für einen tiefen, entspannenden Schlaf durch jeden Finger in alle Körperteile.

Es kann gut sein, dass du zwischendurch friedlich einschläfst. Dein Körper weiß sehr gut, was er braucht.

Diese Übungen mache ich fast jeden Abend, und sie helfen mir sehr. Früher war ich durch meine intensive Energiearbeit jeden Tag und den Kontakt zu so vielen Menschen – über das Internet und auch im Alltag – abends oft so überdreht und/oder erschöpft, dass mir das Einschlafen kaum gelang, geschweige denn, dass ich tief und erholsam durchgeschlafen hätte. Jetzt bin ich froh, dass ich durch diese Übungen richtig gut schlafen kann.

Natürlich spielen viele Faktoren eine Rolle für einen tiefen Schlaf – wie im Buch schon beschrieben, doch manchmal sind solche einfachen Übungen das Tüpfelchen auf dem berühmten i, um das Leben zum Guten zu wenden.

Der Schutzeffekt der LichtKraft

Immer wieder wurde und werde ich gefragt, wie man in dieser wilden Welt einen guten und gesunden Schutz aufbauen kann. Gerade die hochsensiblen Menschen tun sich schwer damit.

Wir haben verlernt, uns sinnvoll abzugrenzen, zu fühlen, was wir wirklich brauchen (und was nicht), und gut für uns zu sorgen.

Diese Übung mache ich selbst schon seit Jahren, doch mit der LichtKraft funktioniert sie noch viel besser und leichter.

Die Technik

Atme die LichtKraft, wie oben mehrfach beschrieben. Stärke und nähre dich, bis dein Körper satt ist von Licht und Energie. Lass dich gleichzeitig überströmen, damit deine Aura klar und frei ist.

Jetzt lass die LichtKraft weiter mit deinem Atem einströmen und dehne sie über deinen Körper aus, bis eine große leuchtend-goldene Kugel aus lebendiger Energie um dich herum entstanden ist.

Atme bewusst weiter die LichtKraft ein und dehne sie aus, bis du die Bewegung spürst:

Durch deinen Mund hinein und durch alle Poren wieder nach außen. Natürlich bleibt die LichtKraft auch in deinem Körper, doch sie bleibt in Bewegung – von innen nach außen.

Durch diese sanfte Strömung „schiebst" du quasi den Schatten sanft aus deinem Feld. Je größer deine Energiekugel ist, die dich umgibt, desto weiter wird der Schatten fortgeschoben (ich nehme gerne auch mal die ganze Erde mit in mein Feld und reinige sie gleich mit).

Genieße eine Weile das Strömen und erlaube der LichtKraft, dass sie auf diese Weise selbständig in dir und um dich herum in Bewegung bleibt.

Nun kannst du dieses neu entstandene Energiefeld programmieren. Das ist eine tolle Achtsamkeitsübung.

DU entscheidest, was in dein Energiefeld kommen darf.

Stell dir vor, dass die ganze Energiekugel mit jedem Partikel LichtKraft aus lauter kleinen Magneten besteht – die übrigens tatsächlich auch in deinem Gehirn sind.

Nun kannst du diese Magnete in dir und um dich herum darauf programmieren, was du IN deinem Leben haben möchtest. und was DRAUSSEN bleiben darf.

Du wirst erleben, was das für eine fantastische Auswirkung haben wird.

Noch nie war ich so klar mit dem, was ich will und brauche. Seit ich die LichtKraft auf diese Weise nutze, kommen kaum noch Menschen in mein Feld, die mich ärgern. Selten erlebe ich „Gegenwind", dafür ziehe ich das Gute, Wahre und Schöne in mein Feld, die Liebe, das Glück und den Überfluss. Es macht so viel Spaß.

Epilog

Dieses Buch ist nach meinem Empfinden der Start in eine neue Form der menschlichen Entwicklung. Ich werde es immer weiter aktualisieren und – falls es Neuauflagen gibt – alle neuen Impulse einfließen lassen, die sich mir zeigen werden. Was ich in den vergangenen Monaten, seit meinem persönlichen Start mit der LichtKraft, alles erlebt habe, ist kaum in Worte zu fassen. Ob körperlich, geistig oder auf Gefühlsebene – in meinem Leben hat sich alles grundlegend verändert. Ich fühle mich gesünder, fitter und klarer. Ich bin in einer Fülle und Freude angekommen, die ich nicht für möglich gehalten habe.

Mein Leben leuchtet! Ich leuchte! Und alles macht so viel mehr Spaß und Sinn. Eine Leichtigkeit ist möglich geworden, die jenseits dessen liegt, was mir machbar schien.

All dies wünsche ich dir ebenfalls! Und ich weiß, dass dies erst der Anfang ist. Gemeinsam können wir uns Schritt für Schritt mit und durch die LichtKraft hin zu unserer höchsten und besten Version entwickeln, die in uns schlummert. Mit Leichtigkeit, Hingabe, Urvertrauen und Spaß.

Genieße dein Sein!
Deine Sonja Ariel von Staden

Danksagung

Meinen riesengroßen Herzensdank an dich, weil du dir die Zeit genommen hast, dieses Buch zu lesen und dadurch möglicherweise noch mehr Freude am Leben hast – was uns allen dient.

Meinen liebevollen Dank auch an alle, die mit mir dieses Buch erschaffen haben:

Meiner wundervollen Verlegerin und LichtFrau Mara Ordemann, die schon einige meiner Werke in die Öffentlichkeit gebracht und vielen anderen lichtvollen Autoren Sichtbarkeit verschafft hat.

Meinen treuen Wegbegleitern in der Realität und der Internet(ten) Welt, die mich täglich bei Facebook, YouTube, Instagram & Co. motivieren, weiterzumachen mit meinen Inspirationen.

Und natürlich tiefste Dankbarkeit für die Herzens- und LichtMenschen, die mit mir die Details dieses Buches durchgearbeitet haben: Monika, Simone, Felix, Ines und alle, die „hinter meinen Kulissen" dafür sorgen, dass ich meinen Dienst für dich und die Welt tun kann.

Energie-Produkte zur LichtKraft

Damit die LichtKraft noch besser spür- und sichtbar wird, durfte ich schon einige Produkte entwerfen, die ich täglich selbst nutze und genieße. Solche Produkte dienen einerseits der Erinnerung daran, dass wir uns bewusst mit dem Thema beschäftigen, und andererseits unterstützen sie tatsächlich mit ihrer eigenen Energie den Körper und den Geist.

- Das LichtKraft-Amulett mit dem schönen Zeichen als runden Anhänger aus feinstem Edelstahl, versilbert und vergoldet.
- Das LichtKraft-Öl, das extra von einer Fachfrau gechannelt wurde, damit du auf Körperebene Unterstützung in deiner Transformation bekommst.
- Ein persönliches, von mir für dich gemaltes LichtKraft-Bild in verschiedenen Techniken und Größen.
- Eine für dich persönlich gechannelte LichtKraft-Meditation.

Du findest alles auf meiner Webseite
www.sonja-ariel.com

Mein Youtube-Kanal:
http://bit.ly/Sonja-Ariels-Youtube-Kanal

Über die Autorin

 Sonja Ariel von Staden ist mit größter Freude und Hingabe ganzheitliche Künstlerin, Autorin, Seminarleiterin und Beraterin. Ihr Leben entfaltet sich durch Kunst, Kreativität, Bewusstsein und Philosophie.

Seit frühester Kindheit malt und schreibt sie. Sie hat immer schon die Farben der Welt sichtbar gemacht und Menschen auf ihrem Lebensweg unterstützt.

Menschen und ihre Beweggründe interessieren sie genauso wie die Zusammenhänge und der Aufbau des Lebens auf dieser schönen Erde, die ihr sehr am Herzen liegt.

Bewusstes Sein kennt keine Grenzen. Sonja Ariel freut sich jeden Tag über neue Inspiration, die sie auf vielerlei Weise umsetzen wird, um Menschen, unseren Mitgeschöpfen und der Erde zu dienen.

Sie ist Expertin und Coach für spirituelle Kunst, sinnvolle Lebensoptimierung, Kreativität und Inspiration, Gesundheit und Ernährung, Lebensfreude und inneren Frieden.

Alle wichtigen Informationen über die Künstlerin finden sich hier:

www.sonja-ariel.com

Seit 2012 lebt Sonja Ariel von Staden in Spanien, seit 2017 auf Mallorca. Dort gibt sie persönliche Intensiv-Beratungen und verschiedene Seminare mit den Schwerpunkten Malerei, gesunde und köstliche Ernährung und Bewusstsein. Alle Events sind hier zu finden:

www.sonja-ariel.com/events

Ihre sehr intensiven und vielfältigen Erfahrungen gibt die Künstlerin auch in Form von Büchern, Meditations-CDs und Kartensets weiter. Diese finden sich hier:

www.sonja-ariel.com/inspiration.

Als Designerin entwirft sie auch spirituelle Energie-Produkte, die man in ihrem Online-Shop erwerben kann unter

www.sonjas-spirit-shop.com

Sonja Ariel von Staden
Das Power-Handbuch für Krisenzeiten
Chaotische Phasen sinnvoll meistern
136 Seiten, A5, broschiert
ISBN 978-3-95531-195-7

Krisen sind Herausforderungen, die uns alle jederzeit, in kleiner oder großer Ausführung, treffen können.

Krisen sind wichtig, denn sie zeigen uns sehr gut, wie bewusst wir geworden und wie unsere Kräfte gewachsen sind. Man kann sie sozusagen als Zwischenprüfungen unserer natürlichen menschlichen Entwicklung betrachten. In jeder Krise wartet ein Wunder-Samen darauf, entdeckt zu werden und erblühen zu dürfen. Und jeder von uns kann diese Wunder finden und genießen. Sonja Ariel von Staden bietet viele kostbare Anregungen, das Leben noch sinnvoller und leichter zu gestalten. Übungen, Meditationen und hilfreiche Erläuterungen fügen sich zu einem bunten Reigen aus Inspirationen für Herz, Verstand und Seele.

Ein praktischer Ratgeber für eine besondere Zeit!

Sonja Ariel von Staden
Engel – ganz modern!
Energie und Liebe für ein glückliches Leben
280 Seiten, A5, gebunden, mit Leseband
ISBN 978-3-95531-039-4
Mit zahlreichen vierfarbigen Abbildungen

Engel sind eine Form von Energie, die unser Leben verändern kann. Damit wir endlich erkennen, dass unser Paradies auf Erden längst erschaffen wurde. Die Engel können uns dafür die Augen öffnen...

Leuchtende Engelbilder und liebevolle, deutliche Worte berühren tief im Herzen und lassen längst vergessene Träume und Weisheit neu aufleben. Sie setzen frische Energie frei und schenken Hoffnung und Zuversicht.

Hilfreiche Engelbotschaften eröffnen neue Wege und Möglichkeiten, damit jeder Mensch endlich seine Chancen ergreifen und sein Leben zum Besten verändern kann.

Silke Wagner
Ahnentango – Eintauchen in die Urkraft der Ahnen
248 Seiten, A5, broschiert
ISBN 978-3-95531-187-2

Ahnen – wir ahnen etwas!

Wie nah sich diese Worte doch sind!

Ahnenarbeit ist ein wichtiger Baustein, um im Leben vorwärtszukommen. Unsere Vorfahren haben uns geprägt, aber wir haben vergessen, dass ihr Leben ein bedeutsamer Schlüssel für unser eigenes Leben ist. So tragen wir unter anderem unbewusste Ängste, Beziehungsmuster, finanzielle Probleme von unseren Ahnen auf unseren Schultern, die sich belastend auf uns und unseren Alltag auswirken können.

In „Ahnentango" vereinen sich zahlreiche, zum Teil sehr berührende, Fallbeispiele und Übungen aus der jahrelangen praktischen Arbeit der Autorin mit Ahnenaufstellungen, die zu zahlreichen AHA-Erlebnissen und einem bewussten Umgang mit diesem sensiblen Thema führen. Wir alle sind eingeladen, uns mit den Ahnen zu verbinden, Altes aufzulösen und unseren Frieden mit ihnen zu machen. Bist du bereit?

Mit einem Vorwort von Martin Zoller!